中高层 智库培训系列

聚焦领导力、执行力的最新培训书系

赢在中高层

肯尼迪政府学院的领导执行课

林汶奎◎编著

HARVARD Kennedy School
JOHN F.KENNEDY
SCHOOL OF GOVERNMENT

中国经济出版社
CHINA ECONOMIC PUBLISHING HOUSE
北 京

图书在版编目(CIP)数据

赢在中高层:肯尼迪政府学院的领导执行课 / 林汶奎编著 .
北京:中国经济出版社,2015.4
ISBN 978-7-5136-3795-4
Ⅰ.①赢… Ⅱ.①林… Ⅲ.①公共管理—领导学 Ⅳ.①D035
中国版本图书馆 CIP 数据核字(2015)第 070376 号

责任编辑　夏军城
责任审读　贺　静
责任印制　马小宾
封面设计　任燕飞装帧设计工作室

出版发行　中国经济出版社
印 刷 者　北京嘉业印刷厂
经 销 者　各地新华书店
开　　本　710mm×1000mm　1/16
印　　张　13.75
字　　数　160 千字
版　　次　2015 年 4 月第 1 版
印　　次　2015 年 4 月第 1 次
定　　价　38.00 元
广告经营许可证　京西工商广字第 8179 号

中国经济出版社　**网址** www.economyph.com　**社址** 北京市西城区百万庄北街 3 号　**邮编** 100037
本版图书如存在印装质量问题,请与本社发行中心联系调换(联系电话:010-68330607)

前　言

领导者是团队或组织的灵魂，不仅起到协调和组织的作用，更需要具有统揽全局、运筹帷幄的智慧。工作中，领导者还需要最大限度地调动成员的积极性，挖掘、充实和强化团队动力。

领导者的素质，对组织和团队的发展壮大，意义重大。领导者的智慧、魄力、决策，以及沟通协调等能力，直接影响组织和团队的发展。因此，作为领导者必须具有与其领导岗位相适应的才能，这样才能更好地带领属下出色地完成各项工作。

现代社会对人才的要求越来越高，特别是对领导者的综合要求。领导者能力的提升已经成为领导者必须面对的现实问题。领导者要不断学习，提升个人素质才能更好地带领组织或团队走向更高的发展阶段。

美国顶尖学府哈佛大学肯尼迪政府学院将为全世界培养最优秀的领导者作为自己的使命，通过培养优秀的领导者来为社会以及国家服务。学院开设经济、统计、政治、历史、行政管理等一系列课程，教学以解决实际问题为主，大量采用案例分析。肯尼迪政府学院的办学目标就是："为 21 世纪准备领导人"。学院至今已为美国和其他国家培养了一大批卓越的管理人才，其中不乏政商界的领导人物，如联合国秘书长潘基文，世界银行前行长佐利克等。肯尼迪政府学院在育人理念和人才培养方面的独到理念，非常具有代表性、借鉴性。

本书依承肯尼迪政府学院领导课的精髓，着重介绍针对领导者的战略管理、时间管理、目标管理以及金融、谈判、沟通、人才和团队管理等方面的培训课程。

本书涵盖内容广泛，虽经反复修改，但由于时间和水平有限，难免有疏漏和不当之处，敬请广大读者朋友批评指正。

目 录
CONTENTS

第七章 协同作战才能激活下属责任心
——肯尼迪政府学院的团队管理课

第一章

领导对半步　下属就能进三步

—— 肯尼迪政府学院的战略决策课

1.糟糕的战略往往都源于领导者对竞争的错误认识

2.战略规划到底是什么

3.战略就是方向，定位就是取舍，决策就是谋断

4.情景规划是一种更稳健的战略规划

5.无战略管理的企业势必将如流星陨落

6.精益战略部署:领导如何激发下属的智慧

7.精明的领导者如何打造战略执行力

8.战略三层次：事业战略、竞争战略、功能战略

9.战略决定成败:领导者战略思维与运用

1. 糟糕的战略往往都源于领导者对竞争的错误认识

哈佛大学肯尼迪政府学院战略与竞争力研究所主任迈克尔·波特说："领导者应该要依据在市场上的独特定位制定出战略方针。"波特刚开始研究战略时，认为大部分领导战略失误的主要原因是由于市场潮流和技术更新等外部因素导致的。后来，他逐渐认识到有很大一部分的错误战略都由领导团队内部造成。

很多糟糕的战略往往都源于领导者对竞争的错误认识。大多数领导的目标都是做业内的领航者，进而在各个方面，诸如营销、生产、研发等做得出色。对此，波特说："什么是最好的汽车？这在于谁在使用，也在于使用汽车的目的，还要取决于购买能力。"其实是那些认为有最好的管理流程的领导者为自己制造了一场最糟糕的竞争。波特说："作为一名领导，最失败的决策就是在相同的事情上与他人竞争，这只会引起价格战争，除非对手是白痴。要持续发展最好寻求差异性，应该学会为重要的客户提供独特的价值以满足其最重要的需求。”波特还表示，领导者最容易犯的错误就是对战略的错误理解。战略这个词被应用于很多方面，被赋予很多意义，甚至到最后没有什么代表性意义了。一般情况下，领导者会将战略与雄心、目标混为一谈。比如，很多领导宣称自己的战略是要成为业内领衔者，其实这并不是战略，只是领导者的目标。

说起差异性，很多领导者给出了五花八门的答案。有人说，我们的竞争力就是靠专有技术，有这个技术，我们就能推出更好的产品；有人说，我们的竞争力就是资金实力，业内很少有能够与我们实力抗衡的对手；有人说，我们的竞争力是优秀的团队，他们总能出色地完成领导委派的任务。以上所述的竞争力的确是“我有他无”，只要对手不能够获悉他们的优势，就可以保持这种优势。所以，很多领导将竞争力当成机密，或者是不可告人的秘密武器，在关键的时候用来对付对手。这难道是真正的“战略”竞争力吗？其实他们还是没有明白战略的真正含义。战略竞争力是“对方知道也做不到”。

战略竞争力并不一定是领先，更重要的是持续的积累，所有投机主义思想会让自己丧失获得战略竞争力的机会。

因此，领导者关于战略的认识很重要。发展的目标、愿景不能与战略混为一谈，发展的战略需要强大的定量分析之后才能确定，任何一个优秀的战略选择都与收入与资产负债相关。领导者要想制定成功的战略必须要选择正确的产业、产品、服务，糟糕的战略一般都是由于领导对业务的错误定义。

有一部分领导者易犯的另一个错误就是混淆运营有效性与战略。波特说：“良好的运营能够促进业绩，但是它的缺点就是不能持久，因为，如果效果极佳，其他人也会纷纷效仿。”事实上，要认清这些错误并不容易，对于管理者来说，最大的挑战就是必须在短时间内处理多方面的问题。领导者必须要在明确市场独特定位的同时保证最佳的运营模式。一般情况下，领导者更关注运营效率的增长，这种现象会导致其竞争优势的更重要战略——独特的商业模式渐行渐远。所以，领导者需要牢记战略竞争力，在做决定的时候，要考虑清楚这是不是最佳的运营方案，或者是这有利于提高战略定位吗？

领导者最容易犯的一个错误就是他们想做的事情太多，不懂得舍弃。很多领导者认为市场竞争就是要达到最好，于是寻找各种方式来赢得竞争。其实，很多客户都有不同的需求，关于战略竞争最佳的想法就是如何做到与众不同，这种竞争方式不仅为顾客提供了更多的选择，也为市场提供了更多的创新。领导者在制定战略时，一定要正确地理解战略的意义。

2. 战略规划到底是什么

战略到底是什么？很多人对此都感到迷惑。事实上，对于企业来说，只要运营就存在战略。战略最早是军事概念，“战”是指战争，“略”是指谋略。而现在，“战略”一词早已应用到政治与经济等领域，它的引申义泛指全局性、统领性的谋略、方案。对于企业来说，战略是用来设计获得企业核心竞争力等一系列综合性规划。如果选择了一种战略，公司就选择了一种竞争方式。从这个角度来说，战略表明了这个企业打算做什么，以及不去做什么。

战略专家马歇尔·迈耶说：“商场如战场，如果战略对了，那么无论战术上犯多少错误，企业仍在一步步走向成功。”他的这句话很明确地表达了战略的重要性。对于越来越多的企业尤其是大企业来说，制定与实施战略是很重要的。所以一个成功的企业，一个英明的企业家，会为自己的公司制定有效的战略规划。

彼得·德鲁克曾经在自己的管理著作中对管理者的任务做了总

结：首先是制定实施策略。他对于策略的制定与实施的解释是：了解企业的现状与宗旨，然后确定目标，形成策略与计划。在具体的实施过程中，要能够平衡今天的目的需求与未来发展之间的矛盾，而且需要调整人力、物力以保证关键目标的实现。彼得·德鲁克所描述的管理者的首要任务正是战略规划的过程。当然，企业管理者的职责并非只有这一种。但是对于一些管理者的工作来说，战略规划占据了很大的比例。

战略规划是企业内部各级管理者的共同职能。几十年来，全球著名的管理咨询公司麦肯锡的总裁马文·鲍尔总结了优秀管理者的经验教训得出结论：任何企业在制定管理体系时都是由基本的 14 个步骤完成。具体是：确定总目标、制定策略、制定短期目标、明确公司使命、制定政策、规划企业结构、选拔人才、确定实施步骤、提供设施、提供资金、确立标准、制订管理方案与经营计划、提供控制信息、激励士气。所有这些步骤都无一例外地包含在战略规划中。比如，规划企业结构在很大程度上依赖于战略规划。

没有一种所有公司都可以应用的战略规划体系。战略规划是针对每一个公司的自身特点而制定的。每个公司都与其他公司在某些方面有所不同，所以战略规划就不尽相同。

孔子曾经说过，如果自己成为世界的主宰者，他首先要做的就是确定字词的定义，因为定义决定行为。如果战略规划的含义被所有人接受，那么受战略规划影响的人都将得到帮助，但是事实并非如此。早前，人们总是用长期规划来代替战略规划，有很多专家也是如此。而后又衍生出很多名词，诸如整体综合规划、正式规划、企业规划等。后来，越来越多的人正式采用了“战略规划”一词。

首先，规划所考虑的是当前决策的未来性。这就意味着战略规划是管理者做出的决策，会在未来的一段时间内引起一连串因果反应。如果规划和反应的结果不一致，那么管理者可以改变决策。战略规划还涉及选择，对于不同方案进行取舍是制定当前决策的基础。其实，战略规划就是对未来潜在的机会与危害性进行系统地分析，然后结合公司的资源制定好决策，从而抓住未来的时机，并避开风险。所以说规划也就是勾画发展前景，并思考将其实现。

战略规划会渗透到企业总目标的整个过程，这个过程就是制定详细的计划以保证战略的实施，达到终极目标。这个过程需要事先决定何时进行，如何进行，由谁负责。而且，战略规划必须在一定时期内被众人认可的前提下实施。对于多数企业来说，战略规划是经过一定时间的构思后形成的一整套计划。然而它更应该被看作是一个发展的过程，因为市场的环境是不断变化的。但这并不是说每天都要去调整计划，而是关于战略规划的思考要持续进行。

另外，战略规划无论是对于企业还是个人，它实质上是一种态度，一种生存方式。有了战略规划，企业与人的行动就得基于对未来的考虑，就要坚定地将其作为一份持续的生存发展规划。战略规划其实并不是规划好一套现成的步骤与方法，而是一种思考的依据，是智能的运用。要想获得理想的成果，人们就必须有计划地、尽其所能地做好。

战略规划并不是尝试去为未来做决策，决策只能在当时做出。规划只是要求在未来的可能性事件中做出选择；战略规划也并不是先预测产品销售，然后再按照预测安排相关的设施、人才等方面的措施以保证实现预测。事实上，战略规划超越了当前对产品与市场的预测。因为战略规划并不是一套不变的计划，可以日复一日地用，它需要人们考虑未来的变化。企业需要不定期修整其战略规划。因为它应该有一定的灵活性，需要随时根据市场环境的不断变化而加以调整。

综上所述，战略规划不是去制订一套详细周密的计划，也不是企业职能的简单堆积，更不是对当前预算的一种推断，它是一种系统的方法，是支持企业应付千变万化的外界环境的核心竞争力，是带动企业实现其最终目标的关键力量。

3. 战略就是方向，定位就是取舍，决策就是谋断

随着市场经济竞争的愈演愈烈，无论是大企业还是小公司，都越来越注重企业战略规划。各企业的高层管理者也都纷纷到商学院进修，来为企业的长远发展做出打算。

凡事预则立，不预则废。无论是个人，还是企业，设定什么样的目标就会得到什么样的结果。对于企业而言，制定合理的战略规划，是企业持续发展的根本。企业发展战略规划，为企业未来的长期生存与发展做出了方向性、整体性、全局性定位、发展目标和相应的实施方案。一些大的企业甚至将 50 年之后的事情都已经做出规划。企业战略规划主要分以下几个环节：第一就是制定目标，就是企业在未来所要实现的目标。第二就是制定规划，也就是要为最后的目标设计措施、寻找方法等。当前两个步骤完成之后战略规划就基本成形了，最后将战略规划付诸实施。

哈佛大学网站上曾经发表过一篇关于战略规划的文章，指出很多

管理者对战略有着很大的错误理解甚至谬论。他们觉得战略规划面对着很多不确定性，这个世界变化太快了，在这样的情况下，做战略根本没有多大意义。有些人会说，行业发展日新月异，每天都必须全力以赴，哪有时间去做战略。他们总认为船到桥头自然直，用不着去做规划，认为战略只是那些很官僚的大企业才去做的“无聊”事。而对于一般的企业有比战略更重要的事情去做。但是商界中却经常出现一些不做战略规划的企业在被一些突发事件弄得惊慌失措后后悔不已。但是危机发生后，后悔已经太迟了，很难再去做有意义的事情了。

事实上，每个企业都有战略，无论企业是否有意识地去做过战略，其在日常运营中所做出的大大小小的决定都决定了企业的未来，都是一种对未来无形的规划。企业如果不慎重去做决定，企业中的各种决策就会不统一，不同部门之间就会存在矛盾，不用说是未来，就是在当前，它的发展也会受到很大的阻碍。那些决策失败、内部出现矛盾等其实都是因为没有掌握好发展大方向的缘故。所以说战略规划是那些管理者必须要去学习的课程了。

彼得·德鲁克表示，战略规划不是技巧，而是一种思维，是一种行动投入。有些管理者想要预测未来，所以认为战略规划对于日新月异的社会是不适合的。但是战略规划不是预测，而且战略规划也不涉及未来决策。它所涉及的只是当前决策的未来性。决策只在当前，所以战略规划不是计划明天应该做什么，而是今天应该为明天做些什么。对此，德鲁克告诫人们：“谁都无法预测未来，但谁都可以创造未来。”或者可以这样说，“预测未来的方式就是创造未来。”无论如何表述，想要创造成就的人，必须学会去做人生规划，而想要创造企业未来的人，必须去做战略规划。所以说，学会制定战略规划是每个管理者必修的课程。

战略规划是企业的头等大事，管理者必须亲自制定战略规划。因为只有这样，人们才可以知道为了实现自己的目标，现在应该采取什么行动。现在就行动，这是个人与企业走向成功的必经之路。

说起战略规划，不得不提古代伟大的军事家孙子留给人们的《孙子兵法》，孙子是一名出色的战略家；《孙子兵法》也被世人认为是军事思想的巨著。《孙子兵法》中所体现的战略技巧“非战”“非攻”以及“百战百胜，非善之善者也；不战而屈人之兵，善之善者也”这些都体现了一种发展的哲学心态，而战略规划所要体现的就是一种发展的趋势。其实，个人需要成长，企业需要发展，这是人人都知道的常识。因此企业必须建立战略规划，才能持续发展。所以越来越多的管理者都知道用学习 MBA 来创造个人与企业更好的未来。成功的人需要在战略当中明确未来的方向，纵观古今就会发现，那些取得巨大成功的人都善于为未来铺路，从秦朝的吕不韦到近代的李嘉诚，他们都是很有战略眼光的人，在做决定时，他们都会考虑这样做后会引起什么反应，会不会导致连锁反应，会从这件事情中得到什么。站在一定的高度去看待一件事情，这其实就是一种战略眼光。只有站得高，才能看得远。人们当前所做的每一件事情都起到诱导作用，只有穿透眼前的薄云才能看到本质，这就是战略布局。

很多人在提到战略规划的时候，总觉得它是一个很虚的东西，让人摸不着边际。但是战略规划是务实的，企业在制定战略规划的时候必须本着可操作的原则。是务实还是务虚关键在于管理者的控制，想要增强企业的竞争力，就要以一种务实的态度进行战略规划。美国管理大师马克·麦克内利挖掘《孙子兵法》的智慧，编写了一本《经理人的六项战略修炼》。这本书很受欢迎，被微软等知名企业推崇，书中写道：“忽视战略，就会给企业带来灾难。”世界 500 强的 CEO 们都知道战略是企业制胜的根本。可以说，未来企业的竞争力主要取决于管理者的战略修炼。未来的企业家们，必须能够做好战略规划，打造出超强的企业竞争力，善于把握企业的战略环境。如果管理者在战略定位上不准确，将会给企业带来很多问题，甚至将企业带到绝境。

战略管理可以总结为：战略就是方向，定位就是取舍，决策就是谋断。对于管理者来说，最容易犯的错误就是战略性错误。所以说，管理者需要改变的就是对战略的偏见，最缺乏的能力就是战略能力。从美国经济学家普拉哈德和哈默提出“核心竞争力”开始，所有的管理者都在寻找企业成功的秘诀。有人说“执行决定一切”，有人说“细节决定成败”。没错，细节与执行力都是企业所不可忽略的，但是企业成长的首要条件就是要进行战略规划，它是决定企业持续发展的关键所在。企业战略规划是思考如何用自身所拥有的资源在竞争中获得胜利，并实现价值的再造。而这种思考就是企业战略规划。

战略管理的重要性不言而喻，但是很多管理者却做着一些“本末倒置”的事情。就像德鲁克所说的，现在的企业几乎都是生产加工型的惯性思维，他们没有用心去了解市场的需求变化与自身长远发展的关系。

一个大企业的成功往往是战略规划的成功。战略有问题，单纯靠改善内部机构、提高工作效率是解决不了的。管理者必须去学习制定展现企业自身优势的战略规划，只有解决了战略问题，企业才能得到生存以及长久的发展。

4. 情景规划是一种更稳健的战略规划

战略管理专家黑伊登教授，主要研究领域是战略管理，包括情景规划、战略变革、战略管理流程等。他曾经在壳牌石油公司工作三十多年，主要负责公司的情景规划。情景规划最初就是因为壳牌公司的成功应用而引起战略规划家们的重视。1972 年，情景规划大师皮埃尔·瓦克带领着壳牌公司的规划小组，开展了一个“能源危机”的情景战略规划。他们想象一旦石油公司失去对石油供给的控制，将会发生什么，以及如何应对。1973 年，当石油输出国组织宣布石油禁运政策时，壳牌由于事先规划，成为唯一能够抵挡住这次危机的石油公司。从此，壳牌公司一跃成为世界第二大石油公司。

1981 年，皮埃尔·瓦克退休，彼得·舒瓦茨继任。1986 年在石油价格崩溃前夕，壳牌又一次预先提出了这种可能性，并在价格崩溃之后，收购了大量油田，彼得·舒瓦茨的这次举动为壳牌赢得了 20 年的价格优势。正是因为壳牌的成功，很多公司开始使用这种战略规划，但是没有一家公司能像壳牌一样将它应用的得心应手。美国一家杂志曾经对此进行了总结："石油行业内没有一家公司能比壳牌的情景规划小组具有更长远的眼光。"

黑伊登教授表示，情景规划是在可预测性与不确定性中寻找企业发展方式的最关键途径。情景战略规划是战略规划的一种模型。它要求先设计几种可能发生的情形，然后再去想象会有哪些事情发生，并解释由此可能对企业造成的影响。情景战略规划最初用于军事策略推演，在20世纪中期引进企业的战略规划。情景规划的主要作用就是对未来变化的核心力量进行分析，然后总结出可能形成的情景，并分析情景对企业的主要影响，从而更好地应对企业当前所需要做出的决策。未来始终是不可预见的，情景战略规划法当然也不能预测未来的确定情形，但可以让管理者了解未来的各种可能，所以情景战略规划的最大优点就在于及早应对未来的风险，让企业具备避免各种风险能力。

当今时代，全球性的金融危机、持续的中东动乱等破坏性事件频繁发生。为了增强企业的灵活性，使企业稳定发展，企业管理者面临着前所未有的挑战。所有的局势都表明企业需要利用战略规划来应对不断变化的环境。基于情景的战略规划成为企业管理者应对不断变化的复杂环境的重要工具。情景战略规划并不是新奇事物，它是对所处环境的多种战略性看法。在第二次世界大战前后，兰德咨询公司就将它应用到了商业中。情景战略规划通过在企业的可预测性与不确定中寻找平衡，在企业发展区域寻找关键要素，并通过对重要因素的甄别排序，形成不同的情景。情景战略规划共有三种方式帮助企业解决不确定的问题：第一，帮助企业更好地了解环境，使员工不再将诸多决策看成是孤立的事件，而是将它们看成是整体的一部分；第二，情景战略规划允许管理人员冒适当的风险，避免他们做出过分的决策；第三，情景战略规划将不确定的因素纳入分析过程，有助于管理者规避风险。

虽然情景战略规划越来越被重视，但是很多人仍然会误解。常见的情况是，容易将情景战略规划与传统的预测相混淆，将可能性指定成潜在的结果，或者是将情景战略规划演化成关于未来的幻想，而与当前的环境无关。事实却恰恰相反，情景战略规划的目的是为了让管理者更好地了解市场环境的宏观因素，并使管理者关注决策的制定。情景战略规划实质上就是将“假设情况”与现实的决策制定结合起来。

对此，彼得·德鲁克说：“管理决策最容易犯的错误就是强调寻找正确的解决方案，而不是正确的问题。”这句话就指出了管理者多面临的挑战：在所有事物都捉摸不定的时期获得更高程度的确定性与精确性。也就是说，寻找不确定中的确定成为需要完成的任务。情景规划并非是预测未来，将不确定性假设为确定，而是形成一系列动态的可能结果，用这些结果揭露盲点，帮助企业朝着正确的方向前进。按照彼得·德鲁克的说法就是，情景战略规划是引入不确定的因素，从而生成不同的战略可能，其目标就是发现正确的问题。

情景战略规划所采用的各种方法已经被分为若干个流派，每个流派都有支持者与反对者。进行情景规划最简单的方法就是制作一张表格。竖列代表变化的世界，第一列代表当前的世界，其他几列代表可能的未来世界，三行分别代表环境、控制杆与结果。目前，主流的两个流派是归纳法与演绎法。在进行战略分析的时候，企业需要根据具体的环境去选择方法。归纳法与演绎法都是首先确定公司的外部环境，被称为背景型环境或者交易型环境。背景型环境主要是指广泛的宏观环境，比如经济增长、人口变化等。而交易型环境是指与企业往来的利益相关者，比如客户、供应商等。这两种环境的相互作用构成了情境规划的不确定因素。而归纳法与演绎法所涉及的不确定因素会有所不同。归纳法考虑到了很多变量，其结果就是产生了很丰富、复杂的情景，需要耗费很多时间与精力将这些情景数目减少到合理的数量。相比而言，演绎法关注的只是影响组织的最关键因素，并将不确定的情景限制到 4 个。演绎法比归纳法简单，当要求速度或者资源有限的时候，演绎法比归纳法更为适合。这两个方法的共同点是通过互动以及假设进行创造性思考，从而形成对未来的多种描述。

高明的棋手总是能够清晰地想象下几步棋可能出现的“情景”。而“情景规划”给人们提供预防，避免管理者因局势突变而阵脚大乱。它更像是一种虚拟的博弈游戏，问题没有发生之前，在面对未来的很多不确定因素时，想象性地进入到可能的情景中去，所以当想象的情景真实地出现时就能从容地面对了。

情景规划是在很多不确定的因素中对企业进行高瞻远瞩的方法，它可以帮助管理者进行各个时期的决策。情景战略规划与普通的战略规划最大的不同是，它不是从原则与信念出发，而是从敏锐的商业眼光与感知出发。同时，情景规划与普通的战略规划一样不是去预言，而是基于逻辑、事实去进行推演。通过情景规划，管理者可以排除个人偏见，将影响决策的各种因素做全面的分析。

情景规划是一种激发想象力与远见的战略规划方法，虽然未来充满了很多不确定性因素，但是通过情景规划，人们可以对未来可能出现的情景进行模拟决策，并反复检验。这样，这些情景在未来一旦发生了，就可以用已经验证过的决策去执行，最大限度地避免意外而产生的失误，并把握更多的机会。

情景规划是一种更稳健的战略规划，它创造出更稳健的战略规划流程。情景规划通过动态、多变量的未来，有助于产生更好的应急计划，适合未来的更多可能性。通过情景规划，公司可以被提醒提早去执行计划，也就是说能够更好地做好战略规划准备。最关键的是，情景规划可以帮助管理者做好当前的决策，使管理者具备灵活、切实的决策能力。更好的战略决策能够使公司逐步形成不断增长的优势。由于当前的商业环境变化剧烈，企业管理者需要一套行之有效的战略规划工具，这样有助于有效观察变化并做出决策。传统的预测方式无法圆满地完成战略规划这一任务，所以基于情景的战略规划能够将观点融合到动态的流程中，并提供出各种不确定的观点，从而做好当前的决策以及未来的战略规划。

黑伊登教授在商学院的授课中强调，企业做战略规划最根本的任务就是去尝试缓和不确定性，如果不存在不确定性，管理者也就无须做规划了。风险、危机的不确定性会对组织造成负面的影响，战略规划是了解各种风险的可能性，并找到产生可持续发展的方法。基于情景的战略规划可以让企业具备“事情尽在掌握之中”的感觉，可以消除不确定因素，力求使企业做好应付不确定性的准备。

5. 无战略管理的企业势必将如流星陨落

在非洲无边的草原上，羚羊每天醒来想到的第一件事情就是：我必须要跑得更快，否则将被狮子吃掉；而狮子睁开眼，首先闪现在脑海中的是：我必须要比羚羊跑得更快，否则会饿死。就这样，羚羊与狮子每天都在与生命竞赛。这给羚羊与狮子带来压力，迫使它们不断地提高自己的生存能力，最终羚羊与狮子都能够得到进化。

市场经济社会，虽然不像动物界那般弱肉强食，但是竞争是不可避免的。无论是国家、团队，还是个人，都不得不面对竞争。竞争是每个时代都不可缺少的主题，国家之间有竞争，团队之间有竞争，人与人之间也有竞争，竞争几乎无处不在，竞争是市场经济与社会生活中不可缺少的一部分。从某种意义上来说，竞争不是坏事，竞争促使不同主体之间你追我赶、相互促进，从而促使个人进步、社会进步、国家进步。企业无法回避与竞争对手对决的问题，企业管理者每天醒来所考虑的就是，应该如何应对竞争对手，使企业获得长期发展。因此，与竞争对手进行有效地对决成了企业管理的一部分，就是所谓的战略管理。

肯尼迪政府学院教授劳伦斯·萨默斯在其著作中表示，一个国家或企业无时无刻不在思考的事情应该是做正确的事，即战略。战略管理，是企业未来的发展方向与规划，战略管理处于企业管理的核心位置，只有加强战略管理，才能实现企业科学发展的目标。

在全球化竞争的背景下，美国美孚石油公司深入分析全球环境与自身条件，统筹全局，树立战略制胜思想，坚持国际化战略，推进国际能源公司建设，为未来的发展奠定了基础。美国美孚石油公司的发展证明，从实际出发，突出重点，加强战略管理，才能破解发展难题，激发新的活力。现代企业所面临的环境瞬息万变，市场越来越开放的同时，竞争也变得越来越激烈。事实上无论市场环境发生如何变化，企业都无法回避与竞争对手对决。

所谓“物竞天择，适者生存”。企业要在竞争中谋取生存发展，必须要采取有效的战略决策。只有这样才能在竞争中成为强者，才能赢得发展的机会。因此，作为一名企业的管理者必须要拥有战略思维。在一个企业中，为了共同的事业，员工会期待领导引领大家，制定战略，分配任务。那么，我们该朝着什么方向？我们如何做才能实现自己的目标？作为领导者，当员工处于焦虑、困惑的时候，应该能够做出战略计划，为自己的团队指明前进的方向，引领自己的团队走向最终目的地；同时还需要使团队保持一定的凝聚力，并尽可能地满足整个团队的需求，这样才能带着自己的团队取得最后的胜利。

劳伦斯·萨默斯教授说：“战略管理可以充分地体现领导人远见卓识与决策的能力。”无论武器多么精锐，人员多么充足，如果没有正确的战略部署，团队只会坐吃山空，束手自缚。

作为一个企业领导者，就应该具备超高的战略智慧，制造一切机会逐步壮大企业的实力。在快速发展的社会，与竞争激烈的环境下，只有不断积蓄力量，制定战略决策，才能避免被其他企业击垮。企业也只有不断发展才能生存下去，而战略部署直接决定了企业的生存发展。因此企业的领导者最基本的素质就是具有战略性思维，这样才能在竞争激烈的市场中占据一席之地。

6. 精益战略部署：领导如何激发下属的智慧

哈佛大学肯尼迪政府学院前任院长约瑟夫·奈在讲到战略管理时说："如果你拥有战略头脑，但不具备战略细化、战略实施的能力，你还不是一个有效的战略家，充其量只是一个参谋人员而已。"拥有了好的战略，还要进行有效的战略部署、执行，才能完成战略的最终目标。中国著名企业家马云曾经在一个电视节目中说过："三流的执行加上一流的创意，远不如一流的执行加上三流的创意。"战略确是如此，战略计划得再好，如果实施部署不到位，那么也无法完成最终的战略目标。所以，如果说制定战略是一门艺术，那么战略部署就是一门学问。作为企业的领导者，如何将自己的计划告诉下属，并让他们能够完美地执行，是需要花费精力解决的问题。

俗话说："战略制定得好，不如命令下得好。"部署战略任务，有一个通行的"5W + 1H"方法。"5W + 1H"是指：Why（目的、缘由）、Who（人物、主体）、When（时间、状况）、Where（场所）、

What（对象、内容）、How（方法、手段）。通常情况，这个模式概括了战略部署的全部内容，领导套用这个形式，就可以明确地将战略部署传达给下属了。但是这个形式的不足之处是，从西方人那里借鉴的方法，太过机械和教条，很多人一时不能意会，所以经过斟酌取舍，按照中国人的办事习惯，将这种“5W + 1H”方法本土化一下，变为以下几个方面内容。

第一，领导要向下属传达此次战略部署要达成的目标，并要让他们明白完成任务好坏的标准；标准一定要明确、具体、量化。比如说，这批产品一定要达到国标A级标准，这样就让人很明白。因为A级标准有具体的量化数据，只要参照数据标准，就能清楚地做出判断，从而知道是否完成了任务。再比如，明年的销售额一定要比今年增长10个百分点，这样就很具体。所以领导者在部署战略目标时要有明确的要求，这样才能让下属有目的地完成任务，否则下属可能会因为没有明确的目标而产生懈怠。

第二，领导者在分配任务时，一定要将责任分担到具体人身上，一件事由一个人负责或者是一个团队负责。一定要有“主帅”，绝对不能让两个以上的人“做主”，否则就会出现“三个和尚没水喝”的情况，相互推诿，最终任务不能完成，却没人负责。这就好比一个球队的主教练只能有一个。如果仔细观察的话，你就会发现任何一个企业或者组织，总经理、董事长只有一个，但是副经理、副董事长可以有若干个。

第三，领导者在分配任务时，最好要设定任务的完成时间。限定的时间一定要具体，不能模糊，否则就会给下属留有拖延的余地。在此，还是要强调“量化”，布置任务时，尽量要数据化。比如：“你今天一定要在下午两点之前将前十份装订好的文件送到会议室。”一句话就包含了三个“量”：“下午两点之前”“十份”“装订好”。这样下属就有了具体化的任务。

第四，战略实施的地点要做好安排。领导在进行战略决策时一定要协调好各区域的工作。比如，一个销售部门会分几个区域，假设制定了一个1000万元的销售计划，究竟是华北地区来完成，还是华东地区来完成？这就需要领导人做出明确指令，否则计划也只是一个计划。

第五，战略的实施所需要的资金应该如何控制。每一项重大战略实施都需要经过周密计划，反复计算，确保投入与回报的比例。企业在成长发展阶段必须要有充分的资金供给，因此领导在进行战略部署时，要确保控制资金。

另外，领导者需要注意的是，“人”是战略部署中最关键的因素，“因事选人，视能授权”。选择战略实施的人，要根据具体任务、要求，找到适合的人选，授权给他，让其凭借自己的能力完成这项任务，所以选人很重要。俗话说：“骏马能历险，耕田不如牛。”如果能将合适的人放在合适的位置，领导者想要实现的战略目标就等于完成一半了。

肯尼迪政府学院前任院长约瑟夫·奈认为，要想完成自己的战略目标，不可能只靠一个好的战略决策，得需要成熟、周密的战略部署，并能够找到适合的人选去执行，这样才能取得出人意料的效果。一个国家或一个企业未来的发展，不仅需要一种固定的战略模式去运作，也需要培养、提拔一些有专业特长的人去执行战略任务，才能让团队发挥最大的效能，实现最终的战略目标。

7. 精明的领导者如何打造战略执行力

哈佛大学肯尼迪政府学院托尼·塞奇在接受中国媒体采访时表示：中国企业的同质化严重，导致这种现象的原因主要是企业在制定战略时，常常遵循“人无我有、人有我优”的原则。有调查表示，美国大企业平均寿命不到40年，中小企业不到7年；而在中国，大企业平均寿命不高于8年，中小企业平均寿命才2.5年。这种现象表明企业战略如果缺乏差异化，就很难在竞争中占据优势，企业就不可能长久。

企业没有战略，就好像没有舵，原地打转的轮船，不可能驶向胜利的彼岸。但是倘若企业领导者在制定战略时，没有长远的战略眼光，也无法赢得最后的胜利。有人也许会说，有些企业没有战略或者是没有明确的战略目标，但也能获得良好的经济效益。其实，经济效益源于企业领导者的战略管理。很多著名企业的领导者会不断地对企业的形势进行充分的分析思考。战略管理是制定战略决策与执行战略的一个连续的过程。战略管理有助于管理者进行这样的思考：企业当前的状况如何，处于什么样的阶段？企业想要达到什么样的目标？市场环境正在发生怎样的变化？行业发展趋势是什么？采取哪些行动有助于实现企业的目标？因此，战略管理，有助于管理者明确企业未来的发展方向、发展重点、执行模式、资源配置，从而更好地实现战略目标。那么，如何才能执行有效的战略管理呢？

第一，有效的战略要体现独特的价值，就是企业所做的事情与竞争者有很大的差别。

第二，要有一个与众不同的经营模式，这样才能具有特色，在竞争中占据优势地位，吸引更多的客户。

第三，有效的战略管理要结合企业的实际情况而定，不盲目跟风或追求不切实际的创新与定位。

第四，战略管理要把握全局，懂得取舍，明确哪些事情不应该去做。战略最关键一点就是知道不选择什么，抵制诱惑。另外，要用做事业的思维去做战略，而不是用做生意的思维去做战略。

第五，企业在运营中所执行的所有行动，都应该是相互配合、彼此促进的。这样一来，即使竞争对手要模仿你，不能只模仿一件事情，只有将整个战略环节都一一模仿才有效。

第六，战略的执行过程应该具有连贯性。只要是科学的战略决策，如果中途不出现大的障碍，就能连续实施。几乎所有的战略都至少要 3 年以上，否则就称不上是战略。但这并不意味着一个战略会一成不变。在执行的过程中要进行战略评估，要知道不变的是什么，变的又是什么。这样才能在执行的过程中，寻找到更好的方法实现战略目标。

现代社会飞速发展，企业之间的竞争越来越激烈，企业要想在竞争中持续发展下去，必须选定一个长久的发展方向，一个适合自身的、与众不同的发展战略。如果一个企业没有发展战略，就失去了航行的方向。企业的战略就像大海中的灯塔，为企业指明了航行的方向。现代管理学之父彼得·德鲁克表示，对于企业来说，发展战略已经不是“是否需要”的问题，而是“如何重视”的问题。目前，战略管理在企业管理中已经占据了不可忽视的位置。

战略的重要性不言而喻，作为一名领导者，你或许会问是否存在一个普遍有效的战略呢？正如管理方式一样，战略具有情境性质，会因环境而不同。即使是一个最完美的战略也未必对每个企业或每个时期都适用。哈佛大学商学研究员著名教授迈克尔·波特表示，每个公司都具有各自不同的起点，具有不同的经营背景，而且还拥有不同类别的资源，因此不可能有适用于任何公司的最佳战略方案。只有根据具体的企业环境与行业背景，结合企业自身所拥有的资源，制定出的战略才是最可行的。另外，战略制定过程不是文字游戏、简单模仿，战略最关键就是要与众不同，使企业员工形成凝聚力、自豪感。这就意味着企业在制定发展战略时必须要实施一套经营活动来传达与企业战略相配套的公司理念与价值观念，形成难以模仿的企业文化。没有有效的战略管理，或者是战略与企业经营兵分两路，不仅会使企业业绩平庸无色，还可能将企业推向破产倒闭的深渊。

现在，很多中国企业已经意识到战略管理的重要性，纷纷聘请国际大师为企业把脉，有的甚至重金请国际咨询公司来做战略，但是执行效果却不尽如人意。有人表示，这是因为这些国际专家并不了解中国国情，以至于制定的战略方针“水土不服”。事实上，这只是部分原因，最关键的问题出现在战略执行的过程中。一个战略的制定、执行、评估，并不是一蹴而就的，少则三四年，多则十年以上，牵涉的人与事复杂而多变。因此，战略上的成功不是做好一件事情，而是做好这个价值链上的所有事情。拥有好的战略决策，并有效地执行战略，在不久的将来，定能成为企业界常驻的恒星。

8. 战略三层次：事业战略、竞争战略、功能战略

肯尼迪政府学院的约翰·海格教授在一次管理培训中表示，领导者必须勇于竞争与决策，在市场缺陷中抓住机会，这样才能将产业做大，而这一切的前提是企业领导者要制定出优秀的战略。那么，什么是战略管理呢？

战略管理兴起于第二次世界大战后，20 世纪 70 年代逐渐成熟。战略管理最初被跨国集团运用。但是，目前国内的很多企业的战略并不是真正的企业战略。比如，有一家企业在 2002 年的发展战略是这样的："以企业价值、效益最大化为目标，执行'两新两高一综合'的发展战略……与时俱进，乘势而上……"事实上，这样的战略并不能称之为战略。

要想知道战略管理，必须明确几个问题：想做什么？怎么去做？清楚自己有什么能力，到哪里去竞争？比如你想要做房地产，首先要明确自己是在北京还是要到上海去做；其次要考虑自己是要做公共建

筑还是居民住宅。企业想要干什么，就是一个战略选择，需要在事业、地域、商品形式等基础上进行战略选择，这样战略才具有特色化。如何与对手展开竞争，是从成本还是质量或者是服务上？怎么去做？就是以什么与对手展开竞争。依照迈克尔·波特的理论，企业的竞争优势产生于低成本与特色化。比如，A 房地产公司做白领住宅，B 地产商就可以去做酒店或者公寓项目，与 A 房地产公司展开差异化竞争。管理者在制定战略时，应该考虑企业靠什么与对手竞争，或者是哪些资源可以使企业赢得竞争，或者是企业怎样才能获取、利用这些资源与对手展开竞争。依靠什么与对手展开竞争，其实就是指企业有何能力，或者可以开发什么能力，做到低成本或者差异化。因此，战略实际上是一种差异化选择，是告诉企业选择什么去做，而并不是要求企业怎样去做。

战略不是一种理想抱负，而是一种方法，是实现生存发展的独树一帜的方法。战略不是行动，而是企业选择什么，才能使企业具有优势或者与众不同的吸引力，然后才是采取什么样行动去实现目标。战略的核心是整合，企业运营业务与所要做的项目，要整合成一个整体的战略。战略不是企业的愿景与目标，诸如“为人类创造更好的生活”或者是“为社会创造出更新颖的商品”。战略就是企业之间竞争的优势，在行业中如何定位才能赢得竞争，才能生存发展下去。

经典的战略管理模式分为三个层次：第一是事业战略，是指到底要选择什么作为企业经营的主体，这是企业成立的首要因素；第二是竞争战略，既然已经选择了经营的主体，那么企业应该用什么样的方式来与竞争对手抗衡；第三是功能战略，为了打败竞争对手，在市场占据一席之位，企业财务、人力、业务流程该如何管理。事业战略一旦确定，公司的一切运营就必须按照公司的战略方向来制定自己应该采取的竞争策略、功能策略。

事业战略，是指整体战略，是企业的最高战略。事业战略关乎企业将来的发展方向，它应该结合企业的发展目标，选择企业能够在竞争中占据优势的行业。合理分配企业所需的资源，使各项业务都能相互匹配，彼此促进。事业战略所注重的问题是：企业的业务是什么？企业需拥有什么样的业务组合？企业战略行为通常关乎新的业务，比如产品系列的增加 或减少，开发新的领域或者是新的市场，比如海外建厂、在低劳动成本的国家建立制造业。事业战略应该确保每一个事业单元在企业中的地位。

竞争战略，通常涉及各企业单位的经理人员，这些人的主要工作任务是把企业战略所包含的战略目标，发展方向具体化，形成本企业的具体运营、竞争战略，如推出新产品或服务等。当一个企业从事多种不同业务时，建立战略业务单元则便于计划与掌控。战略业务单元是单一的业务或者是相关的业务组合，每一项业务都应该有独特的使命与竞争对手，这样每一个战略业务单元才有自己独立于企业其他业务单元的战略。因此，企业的经营可以看成是一种业务组合，每一项业务都有明确细分的市场，并具有单独的战略。业务组合中的每一项业务也需要按照自身条件与竞争需求制定自己的战略，同时还需要与组合整体的能力与竞争需求维持统一。

9. 战略决定成败：领导者战略思维与运用

哈佛大学肯尼迪政府学院的高级研究员王辉耀博士在授课时曾说过："伟大的企业源于正确的战略思维。"

领导者的战略思维模式决定了企业的成败。战略思维主要涉及三个方面的内容：企业是否盈利、过去的做法是否有效、企业能否长久发展。任何一个企业都很难或者不可能去改变外部的环境，但是面对外部环境的变化，有危机意识的企业领导者应该懂得及时去调整发展战略，或者是开发自主创新能力或者更为注重产品附加值等。而且目前全球经济发展速度缓慢，市场需求减少，这些情况并不是一朝一夕就能改变的。因此，加强自身能力，勇敢面对不确定的未来，是所有企业目前的现实选择。对于企业来说，想什么比做什么重要，如何想比如何做重要。

企业是否盈利是一个关系企业生存最根本的问题，很多人通常都将做企业当成是"做生意"。不可否认的是，对企业而言，赚钱是王道，但是如果用做生意的思维去做企业，往往只能盈利一时，得不到稳定的发展。王辉耀博士表示，做生意不等于做企业，做生意是单一的行为，做企业是长期的系统工程。做生意与做企业的根本区别是什么？简单来说，做企业就是做企业的品质、企业的能力、企业的秩序。很多企业在创业初期，依靠着人脉资源，生意不错，但是时间一长就坚持不住了，得不到长久发展。之所以会这样，正是由于领导者没有按照做企业标准来做，而只是把它当生意去做。所以，很多企业都是以销售为重心来运作。当然，没有销售就不可能实现资金周转，但企业不能总是以满足当前的资金流为目的，而是要为将来创造资金做准备。一旦现有产品没有了充分的市场竞争力，推出能够产生新的资金的产品才是重要的。

企业领导者应该明确自己的定位，是做生意人还是企业家。做生意人与做企业家是完全不同的。做生意就是做买卖，一手交钱一手交货，短期行为。做企业家则需要将这个交易过程延长，进行长期投资，一段时间后才能产生效益。很多失败的投资并非因为项目不好，而是输在观念上。原本一个项目的投资回收期是四年，但企业太着急，总期待一年就能收回来，将投资当成买卖去做，于是企业家就成了生意人。

战略思维还要考虑过去方法是否有效。这一方面主要是提醒领导者不能遵循路径依赖理论。路径依赖犹如物理学中的“惯性”，一旦进入某种路径，无论是好还是坏，就会对这种路径产生依赖，维持这种状态。通常情况下，过去的选择影响着现在与未来的选择，好的路径会使企业通过惯性产生飞轮效应，使企业进入良性循环；不好的路径会使企业产生恶性循环，而且这些选择一旦进入状态，就很难再去改变。

目前，很多行业都存在着明显的路径依赖现象。很多企业成功之后，就开始吃老本，沿着老路一直走下去。企业领导者认为企业就是因为这么做才成功的，所以一直按照老套路做下去。市场环境瞬息万变，企业如果一直沿用旧的方式，不可能一直成功。所以，企业应该考虑过去的方法是否还有效，要敢于摆脱原有路径，进行创新。只有这样，才能使企业经得起未来的考验。

战略性思维还要顾及企业的长久发展。很多企业，只图一时利益，不求长远发展，这是企业文化的问题。企业的文化会渗透到企业日常的经营与管理之中，因此企业应具备积累企业的文化力。企业文化做的就是智慧与精神的双重发展，企业要发展，文化需先行。国内外企业的发展表明，在不同的发展阶段，企业文化总是直接或者间接地影响企业发展方向。企业竞争力与企业文化之间是一种相互依存、相互促进的关系。正是由于这种关系，企业竞争力在企业文化的推进下，才形成了一种独特的竞争战略。

第二章

砍掉浪费时间的活动

——肯尼迪政府学院的时间管理课

1.领导者的时间管理：用 80%的时间去做 20%的事情

2. GTD 时间管理——赢在时间，掌握自己

3.改善时间管理：不得不克服的时间管理障碍

4.趣味性浓的时间思维导图，让计划一目了然

5.记录日程表：不要把时间浪费在小事情上

6.确立工作目标，别让光阴虚度

7. ABCDE 法:时间提速，一招搞定

1. 领导者的时间管理：用80%的时间去做20%的事情

哈佛商学院的学生之所以能够轻松愉快地学习是因为他们懂得，只要合理利用，就拥有充足的时间。为了能够高效率地做事，人人都想将时间管理做好。但肯定会有人说："时间是无法控制的，它总是一分一秒地溜走，怎么能去管它呢?"的确，时间是不受控制的，没有人可以改变时间，而我们真正能控制的只有自己，这也是时间管理的最根本方法。很多人总是这样抱怨"我几乎没有时间去休息"，或者"我好多年没去旅游了"。你可以发现抱怨的人有一个共同点就是他们太强调自己的重要性，认为自己是不可缺少的。事实上，生活中有很多这样的人，总是高估自己的作用。大多数人并不是真的没有时间，而是不懂得去管理时间。很多人总是说"等我有空的时候"，结果他可能一辈子也没有时间。

哈佛商学院教授罗伯特·卡普兰授课时向学生们强调，二八法则是所有管理者应该学会去应用的理念。二八法则是时间管理最重要的理论之一。它是由著名经济学家维尔弗雷德·帕累托提出的，因此这一法则也被称为“帕累托法则”。帕累托发现社会上的人可以分为两部分，一部分是“举足轻重的少数人”，而另一类是“无足轻重的多数人”。少数人在财富与地位上声名显赫，大概占总人口的20%，而多数人则平淡无奇、穷困潦倒，占总人口的80%。

帕累托后来逐渐发现，几乎所有的经济活动都遵守这一法则。根据这一法则，20%的努力会产生80%的成果，20%的客户会带来80%的效益，20%的工作能够产生80%的价值，等等。比如，你有10件事情需要去完成，那么其中两件的价值比其他8件的总价值还要大。另外，如果完成的时间相同，其中两件甚至一件的价值是其他任何事情的5倍以上。也就说，一般情况下，某项工作的价值会远远超过其他工作，而这份工作毫无疑问是你首当其冲要去做的。

很多人在遇到问题时，总是拖拖拉拉，然而他们拖延不做的这些事情正是那些最重要的20%的事情，也就是“举足轻重的少数事情”。相反，大多数人总是为那80%的毫无意义的事情忙忙碌碌，终日奔波。生活中到处可以看到这样的人，他们马不停歇，但是却毫无作为。最根本的原因就是他们总是用80%以上的时间来应付那些80%没有必要的、琐碎之事，却耽误了对自己真正重要的20%的事情。

当然，最有价值的事情，往往是那些比较困难复杂的事情。如果你完成了这些工作，它们能够给你带来很大的回报。所以，人们要先做那些20%的事情，绝对不要将那些简单的、容易完成的，但却毫无价值的80%的事情作为工作的重心。在开始做事前，可以先判断一下这件事情是否属于20%部分的高价值的事情，一定要抵制住先易后难的诱惑，尽量不去做那些“微不足道”的事情。千万不要存在“偷懒心理”，要知道无论你做出什么选择，时间久了，就会形成一种固定的习惯模式，改变起来更难。如果你选择先做那些 80% 的没有价值的事情，很快你就会养成一种坏习惯，即使你不想保持这种习惯。万事开头难，当人们开始做那些重大的事情时，一定要加倍努力，坚持做下去。从某种角度来说，人们喜欢做那些能够让自己不同凡响的事情，所以要学会满足自己的这种心理需求。只要想到自己将要开始去做一件很重大的事情，就能给自己带来充足动力，不再有任何迟疑。实际上，完成一件重要的事情所消耗的时间与完成一件琐碎的工作所需要的时间没有多大差别。它们的区别在于，琐碎的工作能够让你按部就班地去完成，不会给你带来任何压力；而重要的 20% 的事情，虽然会让人“为难”，但是却能给人一种自豪与满足感。

时间管理能够帮助人们选择做什么事情。虽然所有人都有权利去选择自己做什么，但是能否正确地取舍事情，在很大程度上决定了人们的生活与工作的能否成功。懂得时间管理的人总能够先做那些 20% 重要的事情，无论多么艰难、复杂，他们都会努力去做，最终他们会成为卓尔不群的人。所以现在就将人生的目标、工作，按照“二八法则”列成清单吧，将更多的时间放到重要的工作上，再也不要在毫无意义的事情上浪费时间了。

时间管理其实也是一场思想的革命，它让人们对时间的利用方式做出调整与安排。“二八法则”是对时间付出的一个全面理性的分析，它揭示了人们利用时间的误区，帮助人们从忙碌中解放出来。“二八法则”让人们看清自己在时间利用上的盲点。毫无疑问，时间管理可以让人们在最短的时间内实现最高的生活、工作效率。“二八法则”与时间管理的结合，产生了一种妙不可言的结果。“二八法则”让人们知道一小部分的事情可以产生大部分事情所不能达到的成果；人们也可以利用 20% 的时间去实现 80% 的价值。如果人们想要获得成功，就必须认清那些重要的事情。因为它们能够带来80%的价值，对提高做事效率有着很大的作用。

人们在进行时间管理时，除了要将事情按照轻重缓急分出来去做，最重要的是判断哪些事情可以带来价值，哪些事情根本毫无意义。这样，人们就不会一方面辛辛苦苦做事，另一方面又浪费了珍贵的时间。

80%的时间应该去做20%的事情，这样才能创造出最大的价值。那么，如何才能达到这样的目的呢？

首先，人们需要重新审视自己的工作安排，在工作时间表上找出那些最能够产生价值的事情。究竟哪些是最有价值的事情呢？你可以想一下，你付出时间去做的这些事情，得到回报了吗？或者是哪些事情会阻碍你未来的发展或者只产生较低的价值。

人们在时间管理上加入一点点经济学观念，就会发现仅仅将工作罗列并完成，并不是最好的时间管理方法。如果人们想要获得更好的成绩，就要拒绝做一个庸庸碌碌的人，去掉那些低价值的事情，将珍贵的时间用在能够给人生带来惊喜的有意义的事情上。当你发现那些浪费时间毫无意义的事情时，你就可以像丢掉衣柜里的烂衣服一样，毫不怜惜地将它们抛弃。

生活中，人们所浪费的时间主要用在以下事情上：

第一，代替他人去做的事情。比如在工作中，员工有时会被老板吩咐代替他去参加一个活动。按照传统的观点来分析，这是老板对你的器重，当然不能拒绝。但是按照“二八法则”来看，这对自己没有任何意义，当然如果时间充裕，去了也无妨。但如果你有更重要的事情要完成，这件事情就变成了阻碍了。

第二，重复的事情。比如本月员工的工资收入有些变动，很多人都拿着工资单来找会计解释。当然，会计有义务向大家一一解释清楚。但是按照“二八法则”来看，一一接待咨询的同事，会占据大量的时间，不如统一发一个邮件，详细说明扣缴方式。再比如，复印开会所需要的文件，然后一一分发给公司所有部门。如果按照传统的观点来看，明天要开会了，各部门要尽快拿到资料。但是按照“二八法则”来看，这是很紧急的事情，但是人们没有必要花掉自己长达 2 小时的时间去复印所有资料，你可以发一份电子邮件，让各部门自己打印，也省去分发的步骤了。

第三，周围人都不感兴趣的事情。比如老板让你负责为同事提供一些资讯，并公布在布告栏上，但是同事们却没有任何反应。如果按照传统的观点来看，你要坚持下去，因为无论别人怎么看，毕竟这是老板交代的事情，必须做好。但是按照“二八法则”，做这样无用的事情太浪费时间了。

第四，未经筛选的电话。比如，周末老板来了两个电话，其实每次交代的事情都不重要，下周处理也无妨。按照传统的观点来看，老板打电话吩咐马上办理，只好放弃休息去办。但按照“二八法则”，你可以将电话进行筛选，区别对待。

第五，下属的工作质量没有保障。比如，下属提供的一份的项目报告漏洞百出。如果按照传统的观点，修改报告是正常的事情。但是按照“二八法则”来看，不如请能干的下属去重新写一份，修改一个报告甚至比重写一份还要麻烦。

总而言之，人们应该将时间用在那些有意义的事上，而不能枯燥、低价值的例行公事。只有减少那些高投入低回报的事情，将时间用在 20% 重要的事情上，才能让自己的未来越来越明朗。

2. GTD时间管理——赢在时间，掌握自己

罗香是哈佛商学院工商管理战略小组的助理教授，负责教授MBA必修课程中的战略课。在繁多的时间管理系统中，罗香最为推崇的，就是GTD时间管理系统。

GTD是英文Getting Things Done的缩写，而GTD系统的意义是将人们从繁重超负荷的工作生活方式中解脱出来，使人们享受无压力高效的生活或者工作。通常，当人们的脑海中积压着一些未做完的事情的时候，要么就是不时回忆起这件事，压力增大，手头的工作产生影响，要么就会因为事务繁忙而忘记完成那件任务。GTD反应的思维是，人生最大的不安不是由于任务繁多，而是有很多应该付诸行动的事务却并没有展开行动，有很多承诺过的事情最终却忘记执行。而GTD，就是要确保人们能够及时完成所有应该完成的任务。

压力不是来自于事件本身，而在于所有任务都汇集在大脑之中，造成心理压力增大，也使人们对任务产生抵触心理。GTD的核心理念

在于将头脑中的各种任务都记录下来，通过这种方式为大脑减压，从而集中全力去处理手头上的事情，提高办事效率。

GTD 时间管理系统具体包含收集、整理、组织、回顾以及行动这五个步骤。

收集就是将人们能够想到的所有需要完成的事情都一一列举出来，放入到 inbox 中。Inbox 既可以是用来放置各种实物文件夹或者收纳箱，也可以是用来记录各种工作安排的掌上电脑或者记事本，甚至一张纸等。收集的关键在于将头脑中繁杂的东西都清理出来，其方法就是通过写在纸上、电脑上或者将相关文件搁在一起等方式将这些未尽事宜记录下来。用这些方式来代替大脑完成记忆，而大脑则将精力集中在某一件事情上，从而提高办事效率。

整理就是将所有未完之事都放入到 inbox 之后，定期或者不定期地整理和清空 inbox 的内容。以是否可以付诸行动为参考标准，对 inbox 的内容进行分类整理，对那些归类于不能付诸行动的内容，可以进一步按照参考资料、日后可能需要处理以及垃圾三种标准，实施二次分类。而对于那些可以付诸实践的内容，则需要考虑是否可以在两分钟内将事情解决掉，如果答案是肯定的，则立即付诸行动，通过完成任务来将两分钟可完成的事情都清除出去；而对于两分钟内难以完成的，则需要开始组织下一步的行动。

整理工作需要注意以下几点：整理要从最上面的一项开始整理；每次只可以处理一项任务；不可以将任何东西再放回到 inbox 中；对花费时间少于两分钟的，即刻展开行动；对于两分钟无法完成的事情，可以委托别人代为完成，也可以延期处理；把暂时无法付诸实践的任务选择归档以便查询，等待时机成熟后进行处理。

组织是 GTD 之中较为核心的步骤，主要包括对参考资料的组织以及对下一步行动的组织这两个部分。要完成对参考资料的组织，需要借助适当的文档管理系统；而要完成对下一步行动的组织，则需要将下一步活动内容分成下一步行动清单、等待清单以及未来/某天清单这三个部分。

下一步清单指的是具体下一步即将展开的工作。如果一个项目涉及多步骤的工作，那么，就需要人们将这些工作再细化成更为具体的工作内容，从而确定下一步的工作到底是什么。举例来讲，如果总经理需要了解员工的工作表现，那么下一步行动可能是需要从考勤部门调来该员工的出勤表现，或者给业务部门打电话将该员工的业绩表现Email过来，或者找同事调查等，诸如此类。

对下一步清单的处理，GTD系统进行了进一步细化，比如按照地点（学校、家里、电脑旁、办公室、超市、银行等）分别记录下哪些行动需要在这些特定的地方实施，而处于相应的环境之中时，人们自然就非常清楚地确定自己应该完成哪些工作。除了地点，时间也是一种较为普遍的分类方法。比如，人们可以将一天分成早晨、上午、中午、下午、傍晚、晚上等多个时间段，按照时间记录在什么时间做什么事情。这样，在时间到来时，人们也可以展开具体行动；或者按照人物分类，通过区分哪些工作需要和什么人一起完成，来确定实施时间。比如和朋友一起时需要完成的工作，和家人一起又有哪些规划等。一旦和相关人物在一起，自然就会知道哪些事情需要在当时完成。

等待清单主要记录那些已经交付出去的任务或者在任务进行下去之前需要等待其他外部因素的事件。对于已经交付给他人的事件，人们需要通过记录，来适时跟踪检查行动的结果，而对于那些等待其他外部因素的事件，则需要通过记录和跟踪来掌握具体进展或者为下一步行动做出及时提醒。未来/某天清单需要记录的，是那些延迟处理并且无法确定具体完成日期的目标计划等内容。这些事情也需要人们完成，但却并不是马上完成，而是在将来的某一时刻付诸实践。比如，学习日语、谈一场恋爱或者出外旅行等。

回顾是对清单的清理以及更新。通常是以一个星期为周期（也可以根据需要将时间缩短为每天或者随时检查）。通过回顾一周以来的工作进展情况，及时对所有列出的清单进行检查。那些已经完成的，需要清除出去，而对于那些尚未完成的，以及新的任务等的处理方法，就是要及时更新清单内容。通过这种方法来为日后的工作提供指导，确保 GTD 系统发挥作用，也可以对未来一周的工作进行及时的规划。

如果人们不能够及时回顾任务进展情况或清单列表，那么，那些行动以及提醒列表也就失去了原有的意义。回顾是为了使人们确立在当时的精力、资源以及时间条件下，哪些事情是最值得去做的，并及时展开行动。如果倾向于只做计划而不及时执行，那么，就很容易养成拖延的习惯。这样的后果是容易的事情很快完成，而那些有难度的事情却始终未能展开，甚至因完成不及时而造成了严重的后果。如果不考虑突发因素，不妨按照顺序一个接一个地解决清单上的事情。这样，在解决多项任务之后，人们也可以形成合理时间安排，以及有效处理事务的信心和决心。

从另一方面来讲，回顾也是为了及时将所有的新任务以及即将到来的事件都填充到未尽的事宜中去。这样，所有的事情都已经是当时最新的状态了。人们也就可以按照新的任务清单来展开行动，就能够实现对所有待解决事件的妥善安排，也可以帮助人们及时缓解脑海中新任务带来的压力，以较为轻松的状态投入到新的工作之中。

执行是要按照每份清单的具体内容来付诸行动。在具体行动过程中，人们可能会需要根据时间的多少、所处的环境、精力或者身体状况以及事情重要程度等来选择清单、选择清单上的事情来处理。执行是 GTD 系统得以发挥作用的关键性步骤。如果人们将所有的时间都花在组织工作、做计划上，而根本不付诸实践，那么，所有的 GTD 系统就都失去了原有的意义，之前所做的一切也只能是造成时间的浪费。

简单说来，GTD 系统就是为了达到两个目的：

第一点是要清空人们的大脑内存。如果一件事情已经完成，那么它在人们大脑中所占的内存将非常的小；反之，如果一件事情尚未实施，那么，它在人们大脑中则往往占有很大的内存。而 GTD 系统，就是通过将所做的事情分门别类地列入清单，使所有的待办事项形成一个逻辑性强且非常可靠的系统。那么，那些占据大脑空间的未完成事项，就会以其他形式记录下来，而不至于再占有大脑的大量内存，使大脑从对太多未完成事项的记忆中解脱出来，从需要完成那些事务的反复提醒中解放出来。

第二点就是要将所有待办任务都转化成具体行动。不管需要完成什么任务，人们都要先思考一下，下一个确切工作将是什么，通过将计划细化的方式，使人们随时了解到自己应该做什么工作。在一个已经确定的时间内，来付诸具体行动的时候，人们就会对自己即将展开的行动充满信心，从而高效地完成各项待办任务。

罗香认为，人们可以从网络、计算机、掌上电脑、纸和笔、计算机和掌上电脑相结合、记事软件、移动设备中选择一种或几种工具，来制定符合自己客观实际的 GTD 系统，并按照收集、整理、组织、回顾以及行动等五项步骤，解决那些待办事项，从而达到减缓压力、高效工作的目标，以便在较少的压力状态下，高效工作或者学习，享受一种井然有序的工作或者学习状态。

3. 改善时间管理：不得不克服的时间管理障碍

美国管理学家彼得·德鲁克是这个时代最出色的管理学家之一，杰克·韦尔奇、比尔·盖茨等人都受到他的影响。《哈佛商业评论》曾评价他说："只要一提到彼得·德鲁克，企业界就会有无数的耳朵竖起来听。"他曾经在《哈佛商业评论》中发表文章30多篇。他表示，有效的时间管理就是记录自己的时间，找到自己的时间浪费在什么地方，然后再进行管理，想方设法让零星的时间集中，成为自己的黄金时间。

人们都知道时间管理最大的功能就是，利用自己拟定的规划，作为对自己的一种提醒与指引。规划起来容易，但是实施起来总会遇到各种各样的障碍。时间管理最大的障碍就是，来自外界太多的干扰，这种情况下，人们很容易就会放弃之前的计划，使自己的努力"付之东流"。人们的周围有很多干扰因素，这些都会成为时间管理的致命对手。比如，嘈杂声、杂志、电视、网络、压力、烟瘾、性欲、健康状况等诸多因素都有可能成为最大的障碍。

因此，人们只有减少这些干扰因素，才能对自己的时间进行有效的管理。这些干扰因素可分为外因与内因。外因无法避免，但是克服起来比较容易。而时间管理上最大的障碍就是内因。比如很多企业的管理者当公司发展到一定规模后，总会觉得时间不够用，需要处理的事情很多。这样，员工就会像机器似的，不能停下来。目前，很多员工都属于“三无员工”，没有明确的目标，没有很强的执行力，也缺乏沟通的能力。一般情况下，人们会坐在电脑前，看着忙忙碌碌，实际上工作效率并不是很高。领导者要想管理好企业，就必须设法提高员工的工作效率。其实时间管理，也并非难事，只要做到“目中无人”，就可以使工作或者学习的效率得到很大的提高。所谓的“目中无人”，当然不是与他人的沟通态度，而是指，时间的本身是目中无人的，它是看不见摸不着的。时间不会对任何人存在偏见，它不会关心你的贫穷与富有，也不会因为你的祈祷与哀求而停留。它对每个人都是公平的，不会偏爱任何人，也不会欺压任何人。重要的是，自己要有“目中无人”的心态，要懂得做自己时间的主人，你的时间是属于你的，任何人与事物都无权剥夺你的时间。

要想克服时间管理的障碍，就必须了解时间本身的价值，而不是其他；要学会按照自己的时间习惯、规律科学地安排自己的时间，这样才能避免产生时间管理上的障碍。当时间经过有效规划后，还要具备“目中无人”的行动力，这样才能铲除时间管理上的干扰，不被外界事务所阻碍。这就需要人们不必过多地考虑外界的因素，更不要因为外界的干扰而影响自己的行动力。我们应该清楚，无论何时何地，没有人能够阻碍自己对时间的追求与管理，没有人能够剥夺我们拥有时间的自由。

很多时候，时间管理就是一个克服阻碍、排除干扰的过程。纵观古今，很多取得成就的人都是善于克服时间管理障碍的代表。中国著名数学家陈景润就是一个善于利用时间的人。他喜欢读书，很容易陶醉其中，达到“忘我”的境界。他每次去图书馆看书，都要等图书馆管理员提醒，才知道闭馆的时间到了。

可见，人们想要获得一定的成就，需要有点“目中无人”的精神。当然，没必要像陈景润这样痴迷。事实上，人们需要的只是他这种扫除一切障碍的心态。可以说，他根本不用管理自己的时间，因为在他的心里，根本没有任何事物能够阻碍他去充分利用自己的时间。从这点上看，人们或许就可以清楚自己时间管理上最大的障碍究竟是什么了。

时间管理并非是要求人们一条一条地规划好自己的时间，按部就班地去做事情。时间管理最大的意义就是让人们提高自己的时间利用价值，不要让时间白白地溜走。然而，现实生活中，很多人还是会在毫无知觉的情况下浪费了大把的时间。那么，人们应该如何有效地避免时间的浪费，扫除一切障碍，在不知不觉中进行时间管理呢?

第一，每个人都需要有一个明确的目标。一个人如果没有目标，时间就会悄悄地溜走。迷茫是人生道路上的最大障碍，毫无目的地“游走”所损失的时间是无法估量的。

第二，具体的工作需要明确的流程。在工作中，有高效率的流程是最好的。如果一份工作不能建立管理流程，就需要对自己的工作进行定期检查，这样可以发现问题并及时纠正，从而使时间产生高的价值。

第三，尽量避免无意义的工作。无意义的工作分为两类，一类是绝对无效的工作，另一类是相对无效的工作。绝对无效的工作，是指根本就没有意义的行为。对于这类工作，一定要及时剔除，坚决不做。另一类是相对无效，这类工作主要是时间不对口，也就是工作上产生了时间偏差。比如，想喝茶，将水烧开了，但是却发现没有茶叶，而买完茶叶后，却又发现水凉了。这种现象的出现主要在于排序，所以要学会建立合理的工作流程，才能让时间不被浪费。

第四，注重人际沟通。在社会中，每个人都处在一个大环境下，做任何事情都会受到周围环境的影响。很多时候，工作需要其他人配合才能完成。这时，人们只有找到时间切合点，才能避免产生障碍，实现有效的时间管理。

4. 趣味性浓的时间思维导图，让计划一目了然

在日常生活中，往往会出现这样一种现象，人们用钢笔在白纸上将需要完成的事情一一列举出来，形成一份排列紧凑的待办事项清单。在执行任务的时候，总会从开始，一行一行地将已经完成的项目做个记号，或者用笔划掉，然后继续完成下一项任务。然而，人们似乎很少从头到尾地将清单上所列出的事情从头到尾地完成过。这当然是一件让人非常懊恼的事情，于是，人们不得不在写新的任务清单时，将那些没有完成的任务挪到新的任务清单上。如此重复，渐渐发现，自己并没有控制好时间，反而被清单上列出的事务牢牢限制住了。

事实上，这种现象的产生，与人们采用了何种时间计划方式有关。他们的共同特点就是利用线条、次序、字母、数字等一种或者几种作为时间管理工具，但这些都属于左脑智力技能，或者说，他们只是利用了大脑的左半球，因此，当奇思妙想涌现在人们脑海之

中的时候，如果只利用这些工具，就会影响到创造思维的发挥，单调的清单列表，只会让人们觉得枯燥乏味，失去坚持下去的兴趣。而充满趣味的时间思维导图可以有效地规避这些缺点，提升时间管理的效率。思维导图是哈佛商学院客座教授托尼·巴赞为发展人们的思维模式而提出来的。

思维导图是一种应用于记忆、学习或者思考等方面的思维“地图”，是一种形象的思维笔记。它的中央是一个核心概念或者图像，而从核心概念延伸开来，是多个主要思想，以主要思想为中心进行延伸，又会延伸出更多次要思想。简单而言之，思维导图的工作方式是从一个核心概念出发向四周扩展，而与此同时，人们的思维也会以同样的方式拓展着，最终，人们的创造性就会发挥出来。

绘制一幅思维导图，需要一张白纸、一只彩色水笔、铅笔或者蜡笔以及充分的想象力。当然也可以利用电脑或者绘图软件来取代纸笔。主要步骤是在白纸中心位置画上一个图像来代表主要思想，比如是长期目标规划。如果想实现做医生的梦想，就可以在中心位置画一个医生的标识，或者是一件医疗设备来代替。再从中心位置延展开来，做医生需要哪些步骤，需要达成哪些条件，等等，再将这些步骤或条件进行二次延伸，最终将长期目标划分成现在努力即可达成的事情，以具体的工作来切分梦想，以小的目标来激发实现目标的原动力。为了增加绘图的趣味性，人们可以选择多样的笔，可以多采用图像代替抽象的文字。

思维导图，在使用字母以及数字的同时，还利用到了色彩和图像，这就意味着大脑的左右半球都被调动起来了。左脑和右脑互相依赖，互相激发，就会提高大脑的创造性，提高人的思维能力。思维导图采用色彩、图像等相结合的方式，提高人们的兴趣，坚定人们坚持完成任务的决心。

对传统计划方式的缺点，思维导图可以起到很好的弥补作用。思维导图不只能让人们清晰地看到自己的短期目标，还将长期目标一目了然地显现了出来。思维导图会为人们提供一幅综合性的图画，这幅图画非常协调地将所有因素不分大小合并在一个结构之中。因为结构的完善，人们就可以在需要分清主次以及进行行动时做出更为符合当时实际的选择；思维导图具有相互关联的结构，这种结构非常符合大脑逻辑，它将所有需要包括在这个计划中的方方面面都体现了出来，从而有效地降低了遗漏重要因素的可能性。

思维导图还可以帮助人们从宏观和微观两个层面来安排时间，从而做到长期目标和短期目标兼顾，使事件全局都得到有效掌控。

从宏观角度来讲，人们可以对自己的长期目标进行规划。举例来说，人们可以用思维导图来对下一个年度的时间进行安排。

用思维导图安排下一年度的时间，首先要做的是，抽出时间对过去的十二个月工作和生活中的主要活动，以及所取得的进展进行回顾。这是一个富有启发性的过程，也是一个能激起人们兴趣的过程，并会给人们带来新的启示。在回顾过去的过程中，人们也能静下心来，在沉静中慢慢回忆过去一年的事情。在结束回忆之后，以此为出发点，拟订下一年度的时间计划。

接下来，就是对未来十二个月目标的筹划，这应该包括健康以及个人发展两个方面的目标，而且，人们也应该为休闲和放松留出一定的时间。要用一定的时间来思考一下，自己到底想从未来的一年中收获什么，根据这个理想做出安排。在计划中，可将自己理想的一年中所具备的各种因素都包含进来。当然，这个时间安排不能过于紧凑，要为未来发生的无法预料的事件留下一些回旋余地。这样，在意料之外的事件发生时，就不至于筋疲力尽地应对，也不会因此而扰乱自己的计划。

将十二个月的宏观目标框架建立之后，人们就可以继续计划每个月甚至每周的时间了，将计划具体化，人们就能够知道在未来的日子里具体需要做些什么。

从微观的角度，人们可以用思维导图来安排一周的时间。为了防止因时间紧张而导致压力倍增，不妨花些时间为下一周的时间管理绘制一份思维导图。

绘制未来一周时间安排的思维导图有一个优点，就是它能够将人们工作之外的生活重点都结合起来，这样，人们就不容易忽视掉自己的健康、不会忽视掉一些重要活动，比如周年纪念等元素。

约翰牢牢记住了星期二是女朋友凯瑟琳的生日，但假如星期一的时候，他没有在时间表上安排为凯瑟琳买礼物的时间，那么，在星期二为女朋友庆祝生日的时候，当他两手空空出现在凯瑟琳面前，凯瑟琳可能就会有些失落，而约翰，自然也会感觉歉疚和不安。但如果约翰是用思维导图来制订计划，那么，他就会将注意力集中在如何找时间将每一件事情都安排妥当。比如，如果他需要预定一张餐桌，在星期二晚上的时候和凯瑟琳外出庆祝，那么，思维导图就会给他一个提示。显然，利用这种方式将这些事件包含在一张协调的结构图中，家庭和事业的任务一目了然，约翰可以更加轻松地处理好职业生涯和家庭责任之间的关系了。

如果养成了用思维导图来对未来一周做计划的习惯，也就意味着会习惯于展望未来的每一天，展望在未来的某一天自己在做什么。很多的时间管理工具，往往是把注意力集中于当天，而利用思维导图，人们就可以关注更广阔的主题，将眼光放得长远。

人们处于紧张忙碌的生活状态中，往往不是因为工作过于繁重，而是因为时间没有得到合理利用，是由于时间安排不合理。利用思维导图作为时间管理工具，可以克服传统计划方式的缺陷，使人们摆脱紧张忙碌的生活，合理地利用自己的时间，从而有条不紊地生活。采用这种时间管理方法，即便在执行任务时出现阻碍，也不会因为时间的问题而压力倍增。

5. 记录日程表：不要把时间浪费在小事情上

工作中，总是将目光锁定在那些鸡毛蒜皮的事情上，只会令事情越来越糟糕，难以解决。

哈佛大学教授尼尔·斯特莱特说："利用好时间对人们来说是极其重要的。时间如果不好好规划，人们就会漫无目的地停留在那些表面的小事情上，时间就会悄悄地流逝，最后人们只会一事无成。"事实表明，成功与失败的关键在于如何安排时间。人们常常认为，浪费几分钟的时间没有什么影响，但事实上却大到超乎你的想象。这种作用往往需要经过很长时间才能看出来，甚至要过几十年才能看出来。

亚历山大·格雷厄姆·贝尔在研制电话机时，另一个叫格雷的人也在研究。两个人同时获得了成功，但贝尔却比格雷早到专利局两个小时。贝尔就是因为那短短的 2 个小时而世界闻名。很多取得成功的人非常重视分清主次、统筹安排一天的时间，并尽力做好每日规划。如果你也想让自己的工作同样变得高效率，那么就从记录自己详细的日程表开始吧。

要管理好自己的时间，首先就要认识自己目前利用时间的方式。使用日程表是找到自己时间分配的最佳方式。通过日程表的记录，人们可以认识到自己无意识的习惯，然后才有机会去评估改变。在制定未来每天的日程表前，首先要记录自己的当天行动，并将时间记录下来。当一天的记录完成后，将这些时间段分类，找到自己在每项事情中所花费时间的百分比。如果想要更精确地得出时间的利用情况，最好持续一周时间，然后再计算每项事情所占总时间的百分比。在记录的过程中，要尽可能详细地记录，比如记下自己收发电子邮件、打电话、吃饭、洗澡等事情上分别耗用了多长时间。

通过这些日程记录，人们就会发现自己在那些实质性的工作上只花了总时间的一小部分。有研究表明，白领一族每天在实质性工作上平均花费为一个半小时。其余的时间都用在了社交、休息、吃饭以及与工作无关的事情上。上班族真正开始工作时间是上午 11 点，下午 3 点半之后就开始松懈了。

琳达第一次记录日程表时，发现自己一周在办公室的总时间约为 50 小时，但是却只做了 15 个小时的实质性工作。虽然她的效率是上班族均值 1. 5 小时的两倍，但是仍然让人感到不可思议。另外的 35 小时到底去哪里了？她的日程表显示时间都是在无意识的状态下流逝，比如，过于频繁地检查邮件或者在那些无关紧要的事情上追求完美，就餐时间太长以及被他人的交谈所干扰，等等。

于是，琳达试着用约束自己的方式去做那些自己没有动力的事情，但却失败了。后来，她尝试了相反的方法，每天只允许自己在办公室中待上 5 个小时，而剩下的时间不再工作。有趣的事情发生了，这种情况下，工作时间变成了珍贵的时间，琳达几乎持续工作了 5 个小时，而且效率比达到了 90%。琳达一周在办公室待 30 小时，却完成了 25 小时的工作量。她将自己每周的工作时间缩短了 20 小时，却多出了 10 小时的实质性工作，这就是时间管理的妙处。控制每天的工作时间，从根本上减少在琐碎小事上的时间，同时将精力集中在实质性工作上。

之后，琳达一直保持着高效率，并逐渐增加工作时间，她每周用大约 40 小时去做实质性工作，在办公室待上 45 小时。这个方法不仅让她的工作效率得到了很大的提高，优化了时间安排，让她有了充裕的时间去安排工作之外的事情。自此，琳达的事业飞速发展，而且还有了大量的时间去追求个人感兴趣的东西。

记录时间是如何用掉的，是时间管理的开始，也是人们保证工作效率而又不必延长工作时间的最佳方法。但是，日程表记录需要定期使用，才能更好地发挥作用。在整个时间管理的过程中，人们需要不停地记录，了解最新的时间利用情况。但是过于频繁的记录时间表，不仅会浪费时间，还会给人造成一定的压力，导致负面的影响。

如果你觉得自己总是忍不住在小事情上浪费时间，就利用日程表来提升自己的效率吧，这样做不仅提高了工作效率，还优化了个人时间安排。总之，记录日程是一项高效实用的时间管理方法，它的作用是不可估量的。

6. 确立工作目标，别让光阴虚度

哈佛商学院曾经组织了一个非常著名的关于目标对人生影响的跟踪调查。调查负责人从当年毕业的商学院学生中，挑选了一批智力和环境等条件都非常相似的学生，填写了一份关于人生目标的调查问卷。结果显示，在所有参加调查的学生中，仅有3%的学生有清晰而且长远的目标，10%有清晰但为期较短的目标，60%有较为模糊的目标，而其余的27%，则根本没有人生目标。时隔25年后，对当初的那批学生进行了调查。结果发现，25年前具有清晰而且长远目标、占受试者总数3%的人，几乎都成长为社会各界的顶尖成功人士，他们之中很多都是白手起家的创业者，是各个行业的领军人物或者是社会精英。占受试者总数10%的那些有清晰目标但为期较短的人，大都处于社会中上层，成为律师、医生、工程师等各行各业不可或缺的专业人才。而受试者中的60%，也就是具有较模糊目标的那批学生，几乎都处于社会金字塔中下层的位置，他们虽然可以享受安稳的生活和工作，但却没有取得什么特别的建树。而至于剩下的那27%没有目标者，则几乎处于社会金字塔的最底层，他们的生活和工作很不如意，经常面临失业和温饱问题，常常因为生活的困境而怨天尤人。

调查结果证实了调查人员的推论，即目标对人们产生的影响是非常深远的，有清晰目标而且为了目标而奋斗，人生就会过得充实，就会比常人获得较多的成功；而没有目标的人，则只会在浑浑噩噩中虚度光阴，别说有所建树，就连维持温饱都成为问题。而对比目标清晰且长远以及只有短期明确目标的人，调查人员也得出结论，目标越长远，就越能够取得大的成就。

哈佛商学院米尔·狄塞教授引用这个调查案例，不只强调明确目标对一个人的一生有重要作用，也强调了目标对时间管理的重要性。他说，对于时间管理，明确的目标起着不可替代的作用，它是人们实现有效时间管理首要解决的问题。无论是要选择哪种时间管理工具，或者哪种计划方法，都必须以目标为参照标准，来衡量哪些事情是值得做的，应该优先进行，哪些事情可以延后处理，甚至不必做出任何处理。没有了目标，人们也就无法判断事务是否重要，是否紧急，也就无所谓轻重缓急，人们只能无目的地生活、工作或者学习，在将时间浪费掉的同时，却得不到多少收获。

米尔·狄塞教授认为，目标是时间管理的核心，是人们生活围绕的主轴，能够为人们的行为指明方向。他指出，要想发挥目标的重要性，不妨从以下几个方面做出努力：

首先，要明确自己在个人和家庭上的目标，在事业、工作、财务以及资产方面的目标，以及在自我成长方面的目标。个人和家庭的目标是指人们希望自己以及自己的家庭能够有怎样的目标达成，这个目标是每个人生存的主旨，是人们不断奋斗的最初动力；关于事业、工作、财务以及资产方面的目标，是一个人对自己社会地位的期许，期待自己在社会上能够有什么样的目标达成，能够为怎样的人服务，或者有怎样的人为自己服务；自我成长目标是不断提升自我，不断抱着积极进取的态度向前发展的动力，是人们能够获得非凡成就的关键。

将这三个方面的目标记录下来后，接下来需要考虑这样三个问题：

第一个问题，假如刚刚赢得了一笔数额可观的奖金，人们会为自己设定怎样的目标，希望自己拿这笔钱做出怎样的事情。如果将这样一笔数额可观的奖金存入自己的账户，并且有充分的时间去做自己想做的事情，那么最想要达成的目标是什么？跟现在的状况相比，自己会在哪件事情上采取截然不同的目标达成方案？

第二个问题，如果刚刚得到医生的通知，自己只剩下半年的寿命，那么，将用这仅有的半年时间做什么事情？会停止目前正在实施的什么事情？想要跟什么人共同度过这生命中最后的时光？通过对这些问题的思考，人们就明白，自己在内心深处最为珍惜的人，最为在乎的事情是什么？通过这个疑问，人们将会了解对自己生活的目标最具价值的事情是什么，了解浪费时间的地方在哪里。从而为自己有效实现目标做出筛选，鼓励人们将有限的时间花费在自己最为珍视的人或者事上。

第三个问题，如果确定自己一定会成功，会给自己确立什么样的目标？这个问题是鼓励人们树立与自己客观实际相匹配的目标，也是在鼓励人们要勇于树立远大的目标，如果有坚定不移地朝目标努力的勇气和信心，那么，这个目标就可能会在成千上万次的付出后最终成为现实。确定目标要有信心，实现目标，更要有信心，在相信成功的前提下，人们往往能够获得更多的动力，从而激发内心的潜能，取得更多的成就，完成更大的目标。

在制定目标前的三个问题，可以帮助人们思考怎样的目标才是符合自己客观实际的，是自己急切想达成的，而要将目标确立下来，则远不止问这三个问题这样简单。哈佛商学院米尔·狄塞教授认为，人们在确立目标的时候，还应该考虑几个因素，即具体性、可衡量性、可达性、相关性以及时间性。这几个因素同时也是明确的目标需要具备的几个重要特征。

具体性是指目标描述要具体。比如，我将来要做一个非常伟大的人，就是一个非常不具体的目标。在哪个领域伟大？什么样的成就才算是伟大，都没有交代清楚。目标一定要非常具体，比如要想学好英文，可以制定学会多少单词，口语和书面语各自达到什么样的等级等确切目标。确切的目标对人们产生的积极影响要远远大于模糊目标。米尔·狄塞教授提到了哈佛商学院曾经进行过的一次实验，在实验中，组织者要求被分成两组的受试者完成跳高动作。两组成员的个子没有太大的差别，第一次跳的时候，两组成员都跳过了一米二的高度。接下来，组织者告诉第一组成员说："你们能够跳过 1.5 米。"而对于第二组成员，组织者只是模糊地告诉他们说："你们能够跳得比现在更高。"随后，两组成员经过了几次试跳练习后，便按照原来的分组进行第二次跳高。结果显示，有了具体目标的第一组成员，每个人的第二次跳高成绩都在 1.5 米之上，而只被告知会跳过 1.2 米成绩的第二组成员，则大部分成绩在 1.2 米之上，1.5 米之下，只有少数几个人跳到了 1.5 米。

可衡量性是指人们具备用来衡量目标完成情况的标准。就拿盖房子来说，人们可以通过面积是多少、共分成几层、房子有几间卧室、房子的材质是怎样的、房子坐落在什么地方、有怎样的预算，需要有什么样的配套设施等问题来衡量目标完成如何，也才能了解怎样才能一步步实现预期目标。

可达成性以及合理性是要求目标要符合个人发展状况以及客观实际，否则，不切实际的目标只能是幻想，是白日梦，而那些不必付出努力即可达成的目标，又缺乏激励作用。米尔·狄塞教授曾经进行了一项成就动机的试验。在试验过程中，15个受试者要求参加一项套圈的游戏。米尔·狄塞教授在房间的一边树立了一根一米高的旗杆，并画了一条直线，将受试者和旗杆隔开。随后，教授交给每位受试者几个绳圈，要求他们将绳圈套到旗杆上，他们可以根据需要调整自己和旗杆间的距离。

在这些受试者中，有些人为了将绳圈套在旗杆上，距离旗杆只有一步的距离，尽管他们轻易地将绳圈套了上去，却丝毫体会不到一丝成功的喜悦感，相反，他们很快便觉得这个游戏是如此的索然无味。另外几个人距离旗杆的距离又太远了，随着一次次尝试的失败，他们也很快泄气了；而其中的三个人，在进行了几次尝试后调整好了自己与旗杆的距离，很快，这个游戏变得不只具有挑战性，而且随着一次次成功，他们从心底产生一股成就感，也从心底产生对自己能力的充分信任。调查员在公布调查结果时说，那些距离旗杆太近的，目标太容易实现，而太远的，则由于目标难以达成，只有那三位经过几次尝试的受试者，由于将目标调整到符合自己客观实际的位置，从而使目标具有挑战性，也具有可达成性。可达成且合理化的目标，是人们坚持下去的最佳动力。

相关性是要求目标的制定与自己的生活、工作有一定的联系。举例来讲，一位公司职员，如果制定的目标脱离了自己的生活、工作，而希望自己成为一名电影明星，那么，由于这个目标缺乏实践的途径，他不但不会在生活和工作中取得一定的成就，而且还可能会由于一直对电影明星目标的牵挂而导致自己丧失掉学习和工作机会。在工作和生活方面不思进取，不但不能实现目标，而且还会由于这个不切实际的目标而荒废了业绩，影响正常工作和生活。

时间性是指目标的设定要有明确的期限。比如，一个作家的梦想，“我在十年内要成为一名出版十本著作的作家。”明确的期限一方面有利于根据这个期限制定向目标进发的计划，从而有效地将遥不可及的目标变成一个个可实现的小的计划，增强人们实现目标的信心；另一方面则可以达到给自己施加压力的目的，以免由于没有截止期限而迟迟不展开行动，导致目标变为空想。

米尔·狄塞教授指出，具备具体性、可衡量性、可达性、相关性以及时间性的目标，是最接近人们客观实际的，它能为人们的行为指出方向。在付诸行动之前考虑是否与目标相一致，最大限度地避免对时间的浪费，有限的时间和精力尽量花费到为实现目标而开展的事务上，使人们有所斩获。

7. ABCDE 法：时间提速，一招搞定

简是美国通用电气一名普通职员，公司总经理将书面分析公司季度财务状况的任务交给了她。在拖延了好几个星期之后，眼看就要交报告了，简决定在周末将这个报告搞定。

周末清晨，简早早起床，用过早餐之后，她刚要打开电脑，就接到好朋友艾米的电话。艾米并没有要紧的事，不过，两人煲电话粥的时间，还是用掉了三个小时。眼看快到中午了，简又驱车到超市买了一些东西，回来后便是为午饭做准备，一系列忙碌之后，简无精打采地走向电脑，却总是静不下心来。她不耐烦地看向窗外，发现草坪上的草已经很高了，于是迫不及待地去草坪剪草。简一边熟练地操作着剪草机，一边下定决心，等剪完草就把报告搞定。想到这里，简心中的压力减轻了许多。她全心全意地操纵着剪草机，享受着剪草的乐趣。剪完草后，简看到邻居在游泳池旁边看报，于是她走过去和邻居闲聊起来。时间稍纵即逝，简回到屋子里的时候，又到了晚餐时间。晚餐

结束的时候，简又选择小睡一下，等醒来后简一看表，发觉刚好到了晚间新闻时间，关注时事的简当然不会错过。新闻接近尾声的时候，简再次坐到电脑前，然而，她点开的是蜘蛛纸牌的游戏。当她结束游戏的时候，已经是深夜了。她想："算了，现在才开始，写完了还不知道是什么时候，明天早点起来做吧。"

第二天早上，简醒来的时候，已经七点钟了。到了办公室，简决定先处理好眼前的事情。她又是打电话又是回邮件，事情完成得差不多的时候，已经到了午饭时间。眼看还有不到 4 小时的时间，简哪有心思吃午饭，她在办公室为着这份报告忙活着，然而，时间不等人，还没做到三分之一，就到了交报告的时间。简拖着疲惫不堪的身躯，随便找了一个过得去的理由，请求总经理再给她一天时间。第二天，一心一意地开始撰写报告。尽管在周三一大早，简终于将报告交给了总经理。但她心里明白，如果自己早点开始，一定会将报告完成得非常出色。她暗暗下定决心，下次一定早点开始。然而，简的拖拉习惯依旧没有改观。

简担心自己因此而丢掉这份来之不易的工作。于是，她通过朋友找到哈佛商学院克里斯·滕森教授，希望他能帮忙解决自己的拖拉问题。

在对简的情况有了一些了解后，克里斯·滕森教授分析了她的拖延模式：在接到撰写季度财务报告的任务之后，她从心底认为这项任务做起来是艰巨而复杂的。尽管她从前也接触过类似的报告，但每当新的任务来临，她总有不确定的感觉，怀疑自己是否有能力在期限之前保质保量地完成任务。她通过煲电话粥、做午餐、割草等方式，来逃避写报告这件事。每次决定延迟写报告，她总能有压力减缓的感觉。当然，这种放松是暂时的，随之而来的，是更加沉重的压力。她也知道自己拖延的问题，希望做出改变，然而，却总是无法阻止自己拖延的习惯。随着日期临近，在无法推脱之时，她开始高度恐慌，并力图全力一搏。结果最后期限都错过了，她才通过勉强找来的借口，赢得喘息之机。她相信自己如果早点开始，会撰写出高质量的报告。然而在一次次下定决心下一次早点开始之时，她始终未摆脱拖延模式。

为了纠正简的拖延习惯，克里斯·滕森教授指导简运用 ABCDE 方法。

教授告诉简，“A”是那份马上到达截止日期的财务报告。简把撰写报告看成了艰巨而复杂的任务。她不知道该从什么地方开始，因此只能苦恼地面对这个难啃的任务，同时期待着早日找到写报告的灵感。简期望自己能写出一份完美的报告。然而，由于担心自己的能力不能和这份任务需要的水平相匹配，她将这项任务看成了一个威胁，一份难以承受的压力。教授指出，简的拖延成因是比较复杂的。

滕森教授还说，尽管不能同时处理掉她在拖延模式中的所有要素，但却可以通过 ABCDE 法来处理掉她“以后再做”的想法。他对简提出了三个要求：第一是要简对“以后再做”的思维进行隔离处理；第二是让简从“立即行动”的角度，树立和拖延思维相反的信念；第三则是要求简以实事求是的态度看待报告，从而努力从事实出发来管理自己的感受。

在 ABC 阶段，滕森教授帮助简描绘出了她的拖延模式。他告诉简，在简为自己的思维过程绘制了一幅图画之后，也就掌握了完成任务的主动权，就可以对那些思维状态进行近距离的观察和思考。在此之后，进入 ABCDE 的第四个阶段，也就是“D”阶段。

滕森教授将爱比克泰德的沉思法教授给简，帮助她控制自己的感官，从而达到新的效果。为了保证效果，他特意给了简一段时间来熟悉 ABCDE 纠错系统以及沉思法。

在简的拖延模式之中，“以后再做”的想法占据了很大的比例。针对简的这一思维，滕森教授通过对简进行主动的行为训练，来帮助她树立从“以后再做”思维解脱出来的决心和信心。

通过接受这种训练，简感觉到自己正逐渐克服对自己表现不佳的担忧和恐惧，提高了对自己能力的自信。

在滕森教授的指导下，简列出了自己的 ABCDE 解决方案。

对于“A，是限于困境，还是某一事件”这一问题，简的答案是，“截止日期即将到来的撰写财务报告的任务”。

对于“B，即所持信念”的答案，简是这样写的：“这份报告不是很简单，时间看起来有些紧张，要想顺利地完成这项工作，我需要具备基本的写作知识，以及撰写财务报告的技能。从个人优势来讲，我的分析能力良好，我在组织材料方面的能力比较突出，而且我有较强的写作能力。”（如果简能一直坚持这种信念，那么，她产生和报告相关的负面情绪的概率就会大大减少，她也不必处理这些负面情绪或者拖延模式了。而这种反现实思维，会在简实践“立即行动”思维时起到非常积极的作用）

简对“C，所持信念可能引起的情绪和行为后果”的答案是，“增强自己完成报告目标的信心”。

在“D，触发拖延的信念”一栏，简写下“稍后再好好写报告吧”。

至于“E，拖延思维可能会导致的情绪以及行为后果”，简认为，在这种情况下，自己最初会有非常短暂的放松情绪，随后，会感觉到烦恼，体会到无尽放大的压力，而随之而来的，也有更多关于“稍后再做”的承诺。而在截止日期最为临近之时，是火急火燎地最后冲刺以及为了拖延期限而寻找各种借口。

滕森教授引导简对与拖延相关的信念进行了修正。通过引导简运用理想思维的六个标准，将“稍后再做”和“立即行动”进行对比的方法，使简意识到“稍后再做”思维对自己的不利影响，从而坚定她战胜拖延的决心。

结合滕森教授的一些预防措施，逐步克服着自己的拖延思维。在第二份报告任务开始之前，按照教授教给的方法，她首先通过这些措施给自己打了预防针，并制定了完善的解决方案。而通过这种预先处理，简不只顺利完成了自己的工作，而且工作效果以及幸福感都得到很大程度的提高。

采用 ABCDE 法，简的阻止拖延行动取得了明显的效果，为了检验阻止拖延效果，她选择了一个新的报告任务开始执行，采用滕森教授教给她的方法，设置了一个比较早的开始日期和一个中期的时间点，以及一个比较早的截止日期。而结果，简不只尽最大努力完成了这个新的报告，而且还将完成过程中的高期待、怀疑以及逃避心理等都用文字记录了下来。滕森教授的指导以及战胜拖延的经历使她对自己有了更多的认知，在下次报告截止日期之前，简已经将一份自己非常满意的报告交到了总经理的手中。

第三章

用自身的光辉照亮别人

——肯尼迪政府学院的目标管理课

1.作为一名领导如何让下属服从你

2.管理最大的责任：上下级的目标要一致

3.什么是目标管理法

4.一旦目标管理不到位,管理就会倒退

5.管理者要如何正确看待目标管理

6.控制成本是自我控制的最独特的策略

7.我的职场我做主：目标管理是最有效的策略

1. 作为一名领导如何让下属服从你

美国领导力学家玛丽·帕克·弗莱特表示，成功的领导者最善于看到还未实现的图景，更重要的是他还能够让其他人感觉这是大家的共同目标，使整个团队为之积极行动。肯尼迪政府学院特聘教授劳伦斯·萨默斯曾经说过：“那些成功的领导者身上最具有魅力的地方就是具备很强的目标导向能力，能够让其他人看清目标奋勇前进。”简单地说，就是领导者善于将自己的目标灌输给每一位员工。即使领导有雄心大志，然而单凭一己之力也不能实现企业的目标，所以领导者必须要懂得调动员工们的积极性来一起实现企业的目标。那么，如何才能让所有的员工朝着一个共同的目标努力呢？

先来看一下这样一个故事：在一场重大的比赛之前，甲、乙两队的教练都在给自己的队员打气。这次比赛重大，不单是指它的影响力，还关乎两队教练的职业生涯，所以他们求胜心很强，但是他们鼓舞队员士气的方法却不一样。甲队教练对自己的队员说：“你们一定要全力以赴，如果能够赢得这场比赛就能为国争光，全国人民都等着你们凯旋呢!”乙队的教练说：“我刚与你们家里通过电话，你们的亲人、朋友、左邻右舍都在电视机前看着呢，要是得了冠军，大伙都抢着给你们开庆功宴，老奶奶还说会给你们做最爱吃的炸酱面！而且这次比赛的奖金翻倍，你们一定要加油啊，他们都期盼着呢!”

甲队与乙队教练不同的表达，谁的更有煽动性呢？毫无疑问是乙队教练，因为他所说的话语更明确，更人性化，更符合每个人的切身利益。这种激励更深入人心，更能产生强大的驱动力。在这个比赛中，教练是最高的领导者，他的目标是拿金牌，改写历史，但是这个目标与队员的影响不大，因为它太过远大，不够实际。领导者的远大目标只是方向，无法成为大家的动力，无法让大家为之兴奋起来。但是，让亲人高兴、有面子才是让队员最兴奋的事情。乙队教练采用这种方式，将自己的目标与运动员的切身利益相连，达到双赢的效果。也许你会觉得，这种目标有点“低级”，但这不正是生活的乐趣所在吗？这是他们的切身利益，是现实、本能的目的。美国著名心理学家马斯洛表示，人类的生存有五大需求：第一是生理的需求；第二是安全的需求；第三是社会的需求；第四是尊重的需求；第五是自我实现的需求。每个人都有这五种不同层次的需求，而且在不同阶段内所表现出的需求程度是不同的。人最迫切需求的才是激励人行动的最主要动力。在高层次需求出现之前，低层次的需求必须得到适当的满足。最低层次的需求就是“生理需求”，它是人类最本能的需求，比如吃穿住行等，若得不到满足，就会危及生命。也就是说，最本能的不可遏制的最底层需求，是推动人类行动的巨大驱动力。领导者要将自己的雄心与部下的切身利益相连，这样才能让他们助你实现终极目标。

当然，只满足最低层次的需求仍然不能完全使员工全力以赴，毕竟人的需求不止那些，还有安全需求、社会需求、尊重需求与自我实现的需求。这就需要领导者灵活应对，给他们发展空间。从根本上来说，安全需求、社会需求、尊重需求都属于感情上的需求，所以对于领导来说，“感情投资”是鼓舞士气的最有效方式。企业领导者自己有雄心壮志，希望手下的人能够助自己一臂之力，除了在物质方面要出手大方，还要付出感情。管理是针对人的工作，人最大的特点就是感性的，再理智的人也逃不出感情的需求。可以说，员工能否与领导同一条心取决于领导是否关心员工。领导心系员工，员工才会积极地为企业效力。

联邦快递的创始人弗雷德里克·W. 史密斯，曾经是海军的一名上校。他说过，在军队里学到的最伟大的领导原则就是必须爱护部队。可以说，联邦快递的成功归结于这条领导原则。

斯塔巴斯公司的 CEO 舒尔茨在刚上任时，公司是仅拥有几个店面的地方性咖啡馆，后来逐渐地发展一个拥有几万名员工的大公司，而且仍然在扩展之中。有人问他成功的秘诀，他说：“我们首要的任务就是照顾我们的员工，如果我们将员工照顾好了，就完成了我们照顾顾客的目标。只有这两个目标同时实现了，我们公司也就有了长期稳定的发展可能。”舒尔茨为他的员工提供了全面的福利保障、培训计划、职业规划等，无论全职还是兼职，所有员工都可以享有这些福利。

大部分成功的企业领导者都遵循着这条原则。所谓领导者，就是带领、引导员工一起朝着目标前进。而能够让员工全心全意地为目标而奋斗的最有效的方式就是“关心爱护员工”。领导者要切记，不是你“赏”下属一口饭，而是下属在帮助你实现目标。

事实上，越成功的领导者越懂得“爱兵才能带好兵”的道理。松下电器创始人松下幸之助说：“当员工只有 100 名时，我会站在员工面前做指挥；当员工增加到1000名时，我必须站在他们的中间，请求他们助我一臂之力；当员工达到上万人时，我只需站在他们的后面，心存感激即可。”所以，从根本上来说，领导者并不是将目标灌输给员工，而是领导者敲开员工的心门，员工主动来接受目标。优利公司掌门人温柏科说：“企业能够实现目标最关键就是要爱护自己的员工，并帮助他们……一定要将你的心掏给他们，要心心相印，这样他们才会跟着你走。”

2. 管理最大的责任：上下级的目标要一致

默契配合是狼群成功关键因素，狼群能够默契配合的原因，就在于每匹狼与狼群的目标都是一致的。美国管理学大师彼得·德鲁克说：“现代企业管理的重大责任，就在于谋求企业目标与个人目标两者的一致。两者越一致，管理效果就越好。”在竞争激烈的市场中，企业上下目标一致不仅关系到管理效果，也关系到一个企业能否长久的发展下去。因此，企业的管理者一定要懂得将企业的目标与每一位员工的目标达成一致。

肯尼迪政府学院目标管理培训课的老师曾在课堂上讲过这样一个故事：有一个人路过一个教堂的工地，他问三个石匠在做什么？第一个石匠说：“我在养家糊口，混口饭吃。”第二个石匠一边敲打石块一边说：“我在做最出色的石匠活。”第三个石匠说：“我在建造一座教堂。”这个故事告诉人们，一般情况下，员工的目标不尽相同。如果用“目标管理”来衡量这三个石匠，我们就会得出第一个石匠的自我期望太低，不能给公司创造多大的价值。他是典型的打工一族，做一份工收一份钱，对于个人或者企业发展没有任何目标。第二个石匠的自我期望太高，这样的人可能会为了自己的目标特立独行，注重专业工作的表现，当公司目标与他个人发展出现差异时，他不可能做出妥协，因此公司所定的目标可能不会实现。第三个石匠的目标才与公司的目标相一致，他把整体目标与个人目标结合起来，既建造教堂，又能利用建教堂的机会提升自己的能力做一个优秀的石匠，他的行为与公司的目标追求形成和谐的前进力。

据调查，员工所做的工作有30%是与目标无关的，另有40%与企业的目标并不一致。失去了正确的目标，做什么都是无用功。只要员工都与企业的整体目标一致，那么企业的目标等于实现了一半。管理最根本的的任务就是使员工朝着企业的目标共同奋斗。

库恩刚刚接管戴茜公司的人力资源部门，这家公司CEO也是刚刚走马上任。与其他部门领导不同，库恩一走进CEO的办公室，便向他递交了一份下一年的部门目标计划。“这是什么?”他问库恩。“这是我部门所支持的相关公司目标。”库恩解释说。CEO看着这份目标清单思考良久，不久，他下令公司的各部门领导都要准备一份这样的目标对比清单。

其实，这并不难，而且也很符合逻辑。“谁会去反对各部门目标与公司目标协调一致呢?”库恩这样说。然而，现实中却很少有人这样做。调查显示，美国73%的公司有明确的战略目标，但是其中只有不到一半的公司将目标传达给了员工。管理学家菲兹·恩兹表示，人们只是单从理论上去研究如何将公司的目标与个人的目标结合在一起，却没有去建立一套系统对其进行管理与实施，甚至都没有向员工阐述公司目标的内涵。一般情况下，人们认为公司的目标只是适合高层管理者而不包括基层员工。基层的员工只是从上面接受任务，他们大多数人不知道自己的工作是如何对公司的总目标产生影响的。

库恩曾在一家物流公司做人力资源总监。当时，物流公司的每位司机都可以看到公司的报表数据，他说："让一线员工看到这些很重要。"因为司机可以通过这些看到他们个人的工作效率，看到他们的运输成本、交货时间、货品损失、事故率以及旷工率是如何影响到公司的利润与目标的。后来，这家物流公司成为美国同行中获利能力最高的公司，有这样的成果应该归功于公司将其目标传递给了下层的每一位员工这一做法。

大部分公司只是用公司的产品与服务来对品牌进行评定，而菲兹·恩兹认为公司品牌实际上是由人力资本产生的效率、服务、品质等决定的，所以应该由员工来决定。员工的绩效才是品牌建设与利润的来源。但是几乎没有公司将自己的品牌直接与客户交流的员工联系起来。很多公司认为，只要他们搞个好的广告创意就可以提升自己的品牌形象。品牌建设专家马克·黄说："公司的真正形象是由内部建设的，如果自己的员工都不认同想要传达的信息，又何谈与消费者产生共鸣？"

卡地纳健康公司首席行政官鲁奇采用了一套直观的方法来提高公司的人力资本价值。他说："若公司善待员工，员工就能为公司创造更高的利润。"这并不是什么高深的东西，关键是如何才算是善待员工。鲁奇说，提到如何善待员工，很多公司领导想当然地觉得：员工的满意度在于薪资水平。虽然薪酬是决定性的因素，但是鲁奇发现，员工是否理解公司目标，以及其工作是如何影响公司实现目标等方面的指标则显得更重要。他通过一些问题对员工的满意度进行调查，主要的问题是：是否知道公司的战略目标？是否了解自己的工作与公司目标的关系？领导是否愿意倾听自己的意见并采取相关行动？研究最终发现，员工在这些问题上得分提高，公司的效益就会随着提高，因此可以得出结论，公司目标与员工工作目标紧紧相连会给公司带来巨大的利润。那么，如何充分确保员工目标与企业目标保持一致性呢？

第一，环境。企业首先要有一个明确的目标和良好的企业文化氛围，这是确保目标一致性的最重要的方面。

第二，发展。有这样一句格言："你目前站在哪里并不重要，重要的是你下一步将迈向哪里。"对于企业中的每一个员工来说，事业的发展与人生的成就比眼前的利益更重要。员工在一个企业工作，很大程度上不是为了眼前的高薪，而是为了与企业共同成长发展。

第三，支持与信任。领导对于员工工作的支持与信任是一种尊重与鼓励。当员工感到不被尊重时，必然会造成人员的流失，影响企业的发展。

市场竞争如此激烈，企业在发展中难免会遇到障碍与打击，比如市场经济政策的变化，公司中坚力量的流失都会给企业带来沉重的打击。针对于此，多数公司内部都在进行着各种建设，以增强内部的凝聚力，保证公司能够稳定发展。其中，每个员工的目标与企业的目标一致，对于企业的持续发展至关重要。只有公司上下目标一致、才能共同奋进，就像大海中的并肩前进的舰队，由舰长统一指挥，每个人都发挥着不可缺少的作用。所以，优秀的企业都必定有一批与企业目标相一致的员工，有一个与企业一脉相承的团队。

企业的发展离不开每一个员工的发展，所以作为领导者要将企业的发展与员工的发展紧密结合起来，将企业的目标化为员工的个人目标，并使其树立与企业风雨同舟的信念。只有这样，企业与员工才能得到真正的发展。

3. 什么是目标管理法

肯尼迪政府学院院长约翰·海格教授讲过这样一个故事：一位年轻人大学毕业后斗志昂扬，为自己树立了很多目标，但是几年过后却仍然一事无成。于是，他便去请教一位智者。他找到智者时，智者正在院子里的大树下读书。智者微笑着听完年轻人的倾诉，对他说："来，你先帮我烧壶水！"年轻人看到屋门口放着一把很大的铁壶，旁边是一个火灶，却没有柴火，于是年轻人便去外边的小树林里找了一些树枝回来，然后盛满一壶水放在火灶上，便烧了起来。但是，由于那铁壶太大，柴火都烧尽了，水还是没开。他只好又出去找柴火，回来的时候，那壶水几乎变凉了。这回他有经验了，没有急于点火，而是又出去捡柴火，等到柴火充足后，他才再次点火，没过多久，水就烧开了。

智者看了一下，便将一壶开水倒掉了，然后又盛满了一壶冷水对年轻人说："你再帮我烧一壶水好吗？"年轻人很惊讶，看了看剩下不多的柴火，对智者说："烧不开了，这四周的柴火都被我捡回来了，剩下的这些根本不可能烧开一壶水。"智者听后，没有说什么，只是将壶里的水倒掉了一半，然后又交给年轻人。年轻人若有所思，一会儿就将水烧开了。智者对他说："你一开始豪情壮志，树立了很多目标，就像这个大水壶装了太多的水，但是你并没有充足的柴火去烧水。所以，要想将水烧开，你就得去找柴或者倒掉一部分水！"年轻人恍然大悟。回去后，年轻人将自己的目标去掉了很多，只留下最容易实现的几个。几年后，他的目标都逐渐实现了。

通过这个故事可以了解目标管理的意义。人们向来是不缺乏目标的，但是真正能按照自己所愿完成目标的人却很少，尤其是企业目标。但是通常公司的目标让员工觉得离自己很遥远，甚至觉得与自己毫无关系。可是，企业目标是靠谁来完成呢？当然还是员工，因此，这就涉及目标管理的学问了。目标管理是美国管理学大师彼得·德鲁克1954年在其著作《管理实践》中最先提出的，后来他又提出了"目标管理与自我控制"的思想。德鲁克表示，人们不是因为工作才有目标，而是有了目标才确定究竟要做什么。企业领导者要学会将企业的使命转化为目标，通过目标对员工进行管理。当领导者确定企业的目标后，必须学会对其进行有效分解，转化为各部门及每个员工的个人目标，领导者还要根据目标完成的情况对员工进行考核、奖惩。

目标管理提出后，这一理论在美国迅速传开。当时，正是第二次世界大战后西方经济恢复发展阶段，企业急需新的策略调动员工的积极性，目标管理应运而生，并被广泛运用。

如今，目标管理在企业中最常见运用就是绩效考核。对于中国的大多数企业来说，目标管理、绩效考核已经成为企业理所当然的流程。

虽然绩效考核是目标管理的产物，但是很难说它完全符合德鲁克的原本思想。德鲁克曾经批评绩效考核总是在强调人的缺陷与失败，并认为这种方法必须要改变。但无论怎样，随着美国公司在全球巨大影响力，美国式企业管理风行全球，而目标管理、绩效考核正是其中的核心支柱。

目标管理法在实践中很可能会存在一些弱点，比如没有明确制定目标的原则，或者是目标很难确定，或者是在操作中缺乏灵活性等，这些问题都需要根据实际情况解决。下面来了解一下目标管理操作的基本过程：

第一，建立完整的目标体系，将整体目标任务逐级细分转化，形成一种连锁式的目标系统，上下级之间要存在一种“目的—手段”的关系。

第二，制定明确的目标。制定目标要求所有的管理者参与商讨，并为团队中的每一个成员指定明确的目标。在目标制定的过程中，要尽量尊重目标执行者的愿望，使其有强烈的责任感与工作兴趣，而非单纯地分派任务。

第三，要对目标量化处理，确保各个目标具有可衡量性。具体的方法是要使目标有时限性、可度量性（数据化）、可实现性。

第四，明确时间范围并管理实施。制定目标后，领导者就要在完成目标的时间范围内，放手交给负责的人，而自己监督管理即可。

第五，及时对目标任务进行评估、反馈。对于各级目标要及时检查、评价，并听取各负责人员的反馈信息，以便解决实现目标所遇到的问题。对于绩效评定的结果，要给予相应的奖励，并反映到人事上，作为晋升的依据。

从理论上讲，目标管理就是以目标为中心，以分解与执行目标为手段，以实现目标为宗旨的一种管理方法。其最主要的方法就是将企业的总目标逐级转化为下级部门与每个员工的子目标，形成一个完整的目标考核体系，以此来提高团体的工作效率。德鲁克在解释自己的目标管理法时说，目标管理仅仅是管理的一种方法，并不是万能的“灵丹妙药”，它只有在企业有明确的目标时才能运作。

4. 一旦目标管理不到位，管理就会倒退

目标管理专家罗伊·史班斯帮助世界知名企业诸如宝马公司、沃尔玛等成就了伟大的事业，他能够做到这一切完全靠的是一个理念：目标。目标不是空洞的，一个真正的目标必定是深深地印在企业每一位员工的心中。然而，大多数企业以及企业的员工没有明确的目标，没有目标，发展就是空谈。因此对于领导者来说，最重要的任务就是制定出合理的目标，引导员工为实现企业的目标而努力奋斗。

一个老企业家的儿子问父亲怎样才能管理好一个企业。老企业家取了一根绳子放到桌上，让他将绳子往前推。于是，儿子便从后面往前推绳子，但是绳子一推就弯了，无法前进。这时，企业家说，你从前面拉这条绳子，儿子一拉，绳子就笔直地前进了。老企业家说："管理其实很简单，领导者只需用目标将大家调动起来就可以了，领导者就是为员工指出目标和方向，并引导他们一起奋进。"领导者的任务，就是在工作的过程中找到并制定出合理的目标。比如，中层的

管理者要为各部门制定任务。目标关键是在于它的内容，而不是形式。制定目标的关键是要将目标分解到每个人，这样员工们才能明确自己的目标。企管专家胡一夫教授在授课时，经常会提到“摸着石头过河”这句名言。这句话大家可能都听说过，但是“摸着石头过河”真正目的是什么，恐怕就很少人明白了。很多人都会说，当然是为了过河。是的，摸着石头过河的目的是为了过河，可总有些人，摸了几块石头后，就对摸石头上瘾了，逐渐就将自己的目标忘记了，不再过河了，或许这就是目标管理出现的原因。德鲁克认为，有了目标才能确定每个人的工作，才能逐渐完成企业的使命与目标。所以，企业领导者应该通过目标对员工进行管理，当领导者确定好团队目标后，必须对其进行分解，然后逐层转化为各部门与每位员工的目标，并对目标的完成情况进行评估、反馈，从而对工作做出针对性的调整。

“凡事预则立，不预则废”，讲的就是目标管理。曹操的“望梅止渴”就是目标管理的经典应用。现代企业的目标管理是通过分配团队目标与个人目标将许多管理行为结合起来的一种体系。这种管理体系在美国普遍应用，尤其适用于主管人员的管理，因此被称为“管理中的管理”。胡一夫教授认为，只有进行有效的目标管理后，企业才能生存发展。但是，目标是由上下级共同制定的，不是领导者强加给员工的。目标管理如果能够有效地实施，不仅可以调动员工的积极性，还可以使他们发挥自身的潜能，为企业创造出额外的价值。相反，对于一个没有目标盲目航行的船只来说，任何风向都是逆风，再强劲的动力也毫无意义。人也是如此，对于员工来说，目标意味着一切，没有目标，企业名存实亡。曾有人做过调查，对一百名员工进行访问“什么样的公司最为理想”，最后90%以上的员工表示目标明确的公司才是最好的公司，让员工知道自己公司的目标，这样才能激发出员工的工作热情与能力。

彼得·德鲁克说：“目标不是命运，而是方向。目标不是命令，而是承诺。目标不决定未来，而是调动企业资源以便塑造未来的一种形式。”明确的目标可以正确地引导企业进行高效的运作，对于企业管理的提高有着重要的作用，所以企业领导者应该重视目标管理，做好目标管理。

山田本一是日本的一名马拉松运动员。他曾经在国际马拉松比赛中，两次赢得世界冠军。记者问他为什么能够取得这么出色的成绩，山田本一总是说：“凭智慧赢得比赛。”众所周知，马拉松比赛靠的是运动员之间的耐力与体力的较量，速度、技巧都在其次。因此关于山田本一的回答，很多媒体都认为他是在故弄玄虚。后来，这个谜底终于揭开了。山田本一在他的自传中写道：“每次比赛前，我都会将赛道认真地看一遍，然后将明显的标志物记下来。比如，第一标志是古怪的大树，第二个标志是一座高楼，第三个标志是一家超市……就这样在赛道的全程做标记。比赛开始后，我会以百米冲刺的速度朝着第一个目标冲去了，到达第一个目标后，我又以同样的速度朝着第二个目标奔去。就这样，我将40多公里的赛道分解成若干个小目标，这样跑起来就轻松多了。”

目标是需要分解的，一个人在确定目标后，也要像世界冠军山田本一那样学会制定明确的绩效目标，这就是所谓的目标管理。最终的目标是远大的，是引导方向的目标，而绩效目标是一个具体的，衡量目标完成情况的一种方式。当目标被分解后，目标激励的作用就体现出来了。因为人们在实现一个目标的时候，就能得到一定的激励，所以就能大大提高人们对于挑战总目标的信心。

目标管理的实施不仅可以有效地提高管理的效率，推动团队工作的进展，更能保证企业最终目标顺利完成。从某种角度来说，目标管理是一种结果式管理，这种管理使得企业、团队中的每一个层次、每一个部门与每一位员工都优先考虑目标的实现，并尽力实现目标。因为每一位员工的目标都是企业总目标的分解，所以当每一位员工完成目标时，企业的总目标就完成了。而且，在目标管理实施中，一旦分目标确定，各层次、各部门就可以按照自己的方法来实现目标，这会给完成目标增加很大的创新空间，从而更有效地提高企业管理的效率。相反，如果企业没有实施有效的目标管理体系，团队就是一盘散沙，每一位成员都没有方向，或者都有着不同的方向，最后发展的结果只能是原地不动。在竞争如此激烈的市场环境下，这样的企业必将会被淘汰。

5. 管理者要如何正确看待目标管理

目标管理是现代企业管理中很重要的一种管理方法，它能够有效提高员工工作积极性、提高工作效率。在肯尼迪政府学院总裁班的培训课堂上，目标管理是很受企业管理者们欢迎的课程。下面从七个关键问题来向管理者阐释关于目标管理法的意义所在，引导企业管理者正确看待目标管理，并领会超越具体方法的思想、理念。

第一问：目标是个人的还是企业的？

目标管理的前提就是有一个明确、合理的目标来激励员工创造突出的业绩，只有当目标是执行者所认可的时候才能产生更好的效果。所以，企业在制定目标的时候一定要上下级互相沟通，以使每个参与者都能从目标中得到激励。

生活中，每个人都会为自己制定目标，这些目标完全是根据自己的兴趣、理想而制定的。然而，目标管理中的目标与个人的兴趣爱好几乎没有什么关系，而是针对企业制定的。于是，问题就产生了，企业的目标能对员工起到激励作用吗？很多人认为理所当然，完成目标可以得到奖金，业绩优秀可以得到晋升和提薪的机会。但这都是外在的激励，而真正的目标激励应该是内生的激励。外在的激励其实是具有负面性的，员工一般都是因为害怕受到处罚，多半不是为了得到奖励而完成目标的。那么，如何让目标转化为员工个人的，转化为内生的激励呢？公司首先要培养良好导向的企业文化，使得提高业绩成为员工们的追求，逐渐形成内在的激励。其次，要完善员工的职业生涯规划，每年为员工做发展计划，使得日常的工作目标成为其个人发展的重要环节，将目标的实现转变为个人理想实现的过程。

第二问：目标制定一定要符合 SMART 原则吗？

很多专业书上所推广的理念是目标必须符合 SMART 原则。所谓 SMART 原则就是：目标是具体的（Specific）、目标是可以衡量的（Measurable）、目标是可以达到的（Attainable）、目标要与其他目标相关联（Relevant）、目标要有明确的期限（Time - based）。

实行目标管理的目的是为了衡量员工的具体表现与正常标准的差距，符合 SMART 原则只是为了方便评估业绩，是一种手段而并非目的。所以，企业领导者在建立目标管理体系的关键点在于如何找到员工工作的差距所在、如何保证目标考核不出现偏差。可以借鉴 SMART 原则，但是不能依赖于它。一个不符合 SMART 原则的好目标要比一个符合 SMART 原则的无意义目标要好得多。

第三问：干得多错得多？

在工作中，越重要的岗位承担的目标越多，这就带来一个问题，干得多，出错的机会就越多，扣分也就越多。尤其当考核结果与薪酬、晋升相关时，会给员工带来很大的影响。这种考核显然不公平。所以企业在制定目标管理体系时，应该细化关于绩效考核的设计，赋予每项目标一定的积分，将考核结果与积分相结合作为晋升或薪酬调整的依据。

第四问：有了目标就能做好工作？

如果企业领导者只关注结果，而不是持续地对之进行监督、检查，设立目标就成了一种考核打分的形式，对提高工作效率没有任何帮助。目标管理的价值在于对目标实现的过程进行监督、调整，需要很多的管理体系来支撑，如果只是单纯地制定目标、执行目标也就失去了目标管理的意义。这也是同种目标管理体系在不同企业效果不同的原因。因此，领导者在实施目标管理的时候，要同时制定配套的管理制度，比如目标制定后的相关行动计划，目标制定的相关记录与目标完成过程中的评估记录等。

第五问：目标是绩效指标、工作重点还是职责？

目标管理是一个体系，需要从企业战略出发，逐层分解、转换，最后形成各个岗位的工作重点。在这个过程中，目标是绩效指标、工作重点还是职责都不是关键的问题，关键的是企业在战略目标实现的过程中要实现哪些分目标，需要执行哪些工作，所有的这些都要围绕着企业战略总目标来实施。无论是绩效指标、工作重点还是职责，如果与企业总目标不符，都必须及时做出调整，这样才能形成有效的目标体系，才能真正起到引导企业发展的作用。所以，目标应该从公司战略开始，形成一个完整的体系。而引导各部门分解、转化目标才是目标管理中的关键措施。

第六问：目标有激励性吗？

通常情况下，目标都有激励性，而大部分目标也都有超越的标准，这样才能激励出员工的潜能，实现优秀的业绩。但是，领导在制定绩效标准时，对于标准的理解各不相同，到底是超过目标的10%给予奖励，还是超过目标的1%就给予奖励呢？有的经理会将公司的标准作为绩优标准，有的经理会将比公司高一点的要求作为标准，也有的经理将标准定的难上加难。这种标准的不一致，就会导致不公平现象的发生，目标就发挥不出激励的效果。那么，如何才能保持绩优标准的公平与合理呢？

首先，完全量化、统一绩优标准规划是错误的，绩优标准是员工通过额外的努力、创新而创造的。所以领导者应当与各部门进行讨论与细化，将员工额外创造的价值细分为经济价值、管理创新等。讨论的内容未必全面合理，但是通过讨论，就可以使各部门达成共识，从而保证绩优标准的公平、激励性质。

第七问：目标管理是不是刚性考核？

很多人都认为，目标管理是刚性考核，与模糊的软性评价不同。但是，目标管理不应是完全的硬性考核，应该加入软性的元素，例如员工的发展与能力的提高。这些软性的考核内容，应该与业绩考核分别开展，业绩考核可以以月为周期，应用于薪酬与奖金；软性考核可以以季度为周期，应用于个人发展、职位晋升等。考核软硬结合，不仅可以实现公司目标，同时也可以激励员工，使企业更具有凝聚力，而单纯的业绩考核会让员工觉得不人性化，而且与目标管理的激励性质不符。

6. 控制成本是自我控制的最独特的策略

彼德·德鲁克在日常管理中发现这样一个现象：一些企业的管理者花公司的钱时大手大脚，从不考虑为公司节约，但花自己的钱时却非常节约。这主要是因为这些管理者认为钱是公司的，为公司节约，自己的腰包不会鼓起来。所以，他们对公司节约这一块总抱着无所谓的态度，我行我素，习惯了铺张浪费，从不为公司精打细算。

众所周知，企业与管理者是一体的，只有企业获取了利润，个人才会有利益可言。如果每一位管理者都没有责任感，没有为公司节约的意识，每个人都在打着自己的如意算盘，长此以往，企业还能盈利吗？如果企业不盈利，个人的利益又从何而来呢？

在彼德·德鲁克看来，身为公司的一员，应该时刻想着为公司节约，因为为公司节约就是为自己加薪。当员工养成节约的习惯后，就会把公司的资产当成自己的财产一样珍惜，而对于员工的这种行为，企业会看在眼里，记在心里。为此，德鲁克讲述了和自己做了一年同事的凯梅特·鲁斯的案例。

凯梅特从加拿大留学回来，在美国一家贸易公司工作。由于工作出色，他被提升为公司的部门经理。但与此同时，同事们也对他另眼相待了，并且对待他就像对待“异类”一样。因为和大家一起吃饭时他从来不用一次性筷子，连一次性水杯也不用，他总是自带筷子和杯子；看到同事浪费一张纸他都会说，要勤俭节约；看到同事无故开着电脑时他也说，要节约用电；他自己经常使用已用过的打印纸写字或打印文件；每次下班后他都会把公司的电器全部检查一遍，如果没关电源的他会及时关掉。虽然他这样做致使他在这家公司里没有真正的朋友，但是他依然坚持着自己的习惯。因为在他看来，自己身为公司的管理者，有必要约束自身的行为，严格进行自我控制，如果自己都没有做到节约资源，还怎么有资格要求其他员工做到呢？

同事们都在背后议论他，说他心理有问题，爱管闲事，而且他的很多同事都认为他根本没有必要这样做——在他们看来，资金雄厚的公司还在乎那一张纸、一度电吗？再说，公司老总在节约这方面也没要求过什么，他凭什么多管闲事？后来，凯梅特的一举一动引起了公司老总的注意，甚至老总被他这种为公司节约的精神感动了，于是便在会议上讲：“一人浪费一张纸，全公司好几百人，那得浪费多少张纸？一人浪费一度电，全公司得浪费多少电？如果每位管理者都能像凯梅特·鲁斯这样，全心全意为公司节约资源，一年下来就能为公司节约一笔可观的财富。而若把这笔财富奖励给管理者，那么每位管理者的收入就会增加，这样何乐而不为呢？”后来，凯梅特被派往该公司的总部担任经理。而他走后，公司的原来同事也学会了节约，同时也认识到了凯梅特的可贵之处。

彼德·德鲁克强调，每一位管理者都要明白，只有公司有利润了，个人才会有收益，公司的整体利益就是管理者自身利益的来源。

20 世纪 70 年代末期，彼德·德鲁克来到佛罗里达磷矿公司担任名誉技术顾问，细心的他发现该公司存在一个严重的问题：许多炼铁的矿石没有被充分冶炼，矿石中仍有残存的铁。此事非同小可，如果一直这样下去，给公司造成的损失将是不可估量的。鉴于此事的严重性，他找来了负责技术的工程师，向其反映了他所发现的问题。可是，工程师却非常自信，他用十分傲气的语气对彼德·德鲁克说："我所负责的项目技术绝对是一流的，不可能出现问题，所以你的担心是多余的。"

在这种情况下，彼德·德鲁克只好再次进行检验，并最终得出答案：很多矿石中的确残留着尚未被冶炼的铁。为了不让公司继续遭受损失，彼德·德鲁克只好向公司负责技术的总工程师克里姆反映这个问题。克里姆听完彼德·德鲁克的一番话，很是震惊。他很严肃地说："会存在这种问题？为什么在此之前一直没有人向我汇报？"于是克里姆马上组织相关人员来到车间对矿石进行检验，结果验证了彼德·德鲁克所说的话——矿石没有被充分冶炼。该公司的总经理得知此事后，免去了那位自以为是、不负责任的工程师的职务，并提升彼德·德鲁克为该项技术监督的工程师，还给予了彼德·德鲁克一定的物质奖励。

对此，佛罗里达磷矿公司总经理感动之余，还对公司人员这样说道："哪个公司都不缺少有能力的人，我们公司也一样，唯一缺少的就是对公司负责，为公司控制成本的人。这种人无论在什么时候都会受到公司的器重和爱戴。如果不是彼德·德鲁克发现这个问题，并及时做了汇报，那么公司将有可能面临破产，而那时的我们也会分文无收。毕竟，只有公司创利了，个人才会有收入。"

对于彼德·德鲁克来说，他深知管理工作的复杂性，也知道管理者是公司的灵魂之所在。因此他强调，为了让公司设定的目标能够得以有效实现，管理者必须有大局意识，并且对自身的行为进行控制，而最简单也是最有效的方法就是为企业控制成本，将可能出现的不必要损失降到最低水平。这样一来，在给企业节约资源的同时，也让自身实施的管理发挥无可替代的价值。

7. 我的职场我做主：目标管理是最有效的策略

或许，很多企业都会遇到这样的困惑：制定的目标总不能完成。在彼德·德鲁克看来，这与管理者有着极其紧密的关联，而用德鲁克的话说就是“管理者缺少对目标管理的有效策略”。

喜欢研究昆虫的人都知道，每次蜜蜂在采蜜之前，都会用自己的身体分泌出一种叫蜂蜡的物质，为蜂群建筑蜂房，以保护群蜂不受伤害。也就是说，蜜蜂为了蜂群的安全无论多辛苦它们都会坚持，风雨无阻、任劳任怨。因为只有蜂群安全了，蜜蜂才能在这个大家庭里快乐地生活。其实，它们之所以任劳任怨，关键在于它们把为蜂群工作看作为自己工作，把群蜂的事当成了自己的事。

在彼德·德鲁克看来，作为一名管理者，要有像蜜蜂一样的心态，把公司的事当作自己的事。而一个员工如果能把公司的事作为自己的事做，那么他就会不断地提升自己的价值，发挥自己的能力，致使公司制定的目标更容易实现。

查尔斯·施瓦布是美国卡内基钢铁公司的董事长，他之所以能够取得成功，就是因为他总是把公司的事当成自己的事。他曾经对员工这样说道："公司的事就是自己的事，只有这样才能把工作做好，才能取得一定的成功。"一直以来，他都坚持做到把公司的事作为自己的事做，而且时刻思考着企业发展中存在的问题。

查尔斯出生的地方是一个很偏僻的村庄，小时候家里非常贫穷，以致他在十五岁那年便外出打工。历经许多磨难之后，他来到了钢铁大王卡内基的建筑工地打工。来此打工的第一天，他便下定决心，对工作一定要尽心尽力，认真努力，争取成为最出色的员工。于是，他在工作中积极努力，同时他努力学习各种知识，很快从建筑工人升为技工，后来又升为技师，再后来成为部门主管、建筑公司总经理、布拉得钢铁厂厂长、卡内基钢铁公司董事长。而这些成绩的取得与他的信念是分不开的——"公司的事就是自己的事"。可以说，正是基于这句话、这个信念，才让查尔斯在卡内基钢铁公司董事长的宝座上一坐就是七年。在第七年里，控制着美国铁路命脉的摩根要与卡内基联合经营钢铁，起初董事长卡内基并未理会他提出的要求，也没有把这件事放在心上。摩根见状便向外界宣称，如果卡内基不同意联合计划，他就会去找当时美国第二大钢铁公司的贝斯列赫姆合作。

这时，卡内基有些坐立不安了。于是，着急万分的卡内基找来他最信任的查尔斯，并对他说："你替我去找摩根，和他谈谈合作的事情，带上这份文件，一定要按照上面的要求进行谈判。"查尔斯看了看文件，笑着说道："您把摩根想得太厉害了，之前我对他曾作过调查，他并没有您想象中那般厉害，不会轻易就和贝斯列赫姆联手的。如果按照您开的这些条件，您的利益将会损失很多，而摩根一定会很高兴地接受。"之后，查尔斯就把所掌握的摩根的情况对卡内基一一做了汇报，他们认真细致地分析之后，卡内基感觉查尔斯说得非常正确——自己的确高估了摩根的能力。于是，卡内基把这件重要的事情完全放心地交给查尔斯去处理，因为他相信查尔斯一定会完成得非常漂亮。而结果在他的意料之内——查尔斯和摩根的谈判进行得很顺利。谈判结束后，查尔斯为卡内基争取到了绝对优势条件。但摩根感觉自己有些吃亏，于是他用一副高高在上的姿态对查尔斯说："那就这样吧，明天你让卡内基来我办公室签字。"

第二天一大早，来到摩根办公室的人是查尔斯而不是卡内基，摩根一脸吃惊，疑惑地问道："为什么卡内基没有来?"查尔斯说："他让我向您传达一句话：'从第 51 号街到华尔街的距离，与从华尔街到第 51 号街的距离是一样的。'"

每个人都明白这句话的意思，于是摩根在沉默了一番后，对查尔斯说："那我过去吧。"虽然久经商场的摩根一生从未屈尊去过别人的办公室，但这次的对手是一向以公司利益为重的查尔斯，所以他只好舍下老脸俯首屈就了。

彼德·德鲁克强调，如果管理者把公司的事情当成自己的事情，用战略性的眼光看待工作，就知道自己应该怎么做才能让工作更出色，才能更好地解决在工作中遇到的各种问题，才能进一步管理好公司，从而让公司的目标得以实现。

在 20 世纪 80 年代，彼德·德鲁克在哈佛商学院进行的一堂培训课中，向参加培训的学员讲述了这样一个哲理故事：

意大利东北部城市佩扎罗有一个手艺很出色的木匠，他几乎做了一辈子的木匠活。一天，他找到自己的雇主，并告诉他，自己年纪大了，不想再做这种体力活了，想回家和老伴一起过清静悠闲的生活。虽然雇主见他确实已到了一定的年纪，再干下去也不会支撑多长时间，但他依然请求老木匠在临走前能再建一栋房子。老木匠虽然答应了，但是此时他的工作态度却和以前有了很大的差别——以前的他会全心全意地工作，而现在他在工作中却三心二意，不仅技术有所退步，而且有时候为了图省事，马虎敷衍。不久，房子完工了。雇主来看房子的时候顺便把房子的钥匙也交给了老木匠，并一脸深沉地对他说："这所房子送给你了，希望你能住得舒服。"

老木匠闻言一下子惊呆了，因为他无论如何也没有想到事情会是这个样子。如果他早知道这是为自己建的房子，他一定会用自己最精巧的工艺认真对待，绝对不会偷工减料。至此，虽然他后悔不已，但也毫无办法。

由这个故事便可以看出，人生就像是一项只有一次机会的工程，一个人做事的态度决定了以后住什么质量的房子。如果你想住在漂亮、牢固、安全的房子里，那就从现在开始，在工作中认真去钉每一颗钉子，仔细放好每一块木板，努力砌好每一面墙。而当一天的工作结束时，要问一问自己，是否为工作付出了全部的精力和智慧。

彼德·德鲁克一直认为，管理者在日常的工作中，就应该用富有前瞻性的眼光对待管理工作，并将公司的事情当成自己的事情去做，因为这样可以最大限度地让企业制定的目标得以实现。

第四章

谈判是检验领导力的关键要素

——肯尼迪政府学院的谈判课

1.聪明的谈判者都会在确保自己利益的情况下妥协

2.摸清对方底线，让你在谈判中胜人一筹

3.不说理的谈判术——让谈判只“谈情”

4.巧妙转移话题——避免引爆对方的情绪炸弹

5.双赢谈判博弈，赢得制胜先机

6.良好的谈判气氛可以大大提升谈判的成功率

7.在谈判过程中，说话是一门艺术

8.恰到好处的沟通方式，是谈判成功的保障

9.学会价格谈判:让你在价格异议中胜出

1. 聪明的谈判者都会在确保自己利益的情况下妥协

彼得·林奇是一位卓越的投资家，也是一位高明的谈判者。而他卓越的谈判手段，与他在肯尼迪政府学院的进修有着密不可分的关系。对于谈判，彼得·林奇可以说是身经百战，而值得一提的是，每次谈判后他都会进行一番总结。在学习期间，他就有这样的习惯。在他的日记本上，记着这样一句话："对手的每一句话，都蕴含着很多信息，优秀的谈判家应该从这些信息中打开端口，使自己获得更多的机会。"这也是让彼得·林奇在谈判中获胜的技巧，在谈判中掌握大量的信息，可以让自己立于不败之地。

谈判同时也是一种妥协——高明的谈判者能在谈判中，很好地处理自己与对手之间的分歧，并通过各种手段和方式，把双方的利益牵引到一个共同利益的层面上去，使双方在谈判中均有利可图。但总有些谈判者只看到自己的利益（比如，只想着"谈判成功自己可能获得什么"），而忽略了对方。这种谈判方式，只会让谈判对方认为谈判者没有谈判的诚意。如果谈判者只想着争夺眼前的利益，而不去考虑如何与对手进行合作，就会让自己失去更多机会或利益。

彼得·林奇在肯尼迪政府学院接受培训时，他的导师就在黑板上写过一段令他印象深刻的话："合作，其实意味着谈判双方都能降低风险，提高收益；相反，争夺则会让谈判双方失去更多机会，并损失长远的利益。"可见，谈判者要尽量把自己的眼界放宽、放远，不要局限于当下的利益，应有长远打算和思考，以避免损失长远的利益。

作为谈判者，要正确处理自身的利益与对方的利益或需求之间的关系，否则就无法建立合作关系，达到长远共赢的目的。随着时代发展，共赢的观念已经在现代商务谈判中凸显出来。任何一个企业，无论是处于被动地位，还是主动地位，在表达自己的诉求或接受对方的需求时，都必须作某些方面的协调或妥协，以达成一个使谈判双方都能接受的方案。这样一来，企业或个人才能获得更多、更长远的利益。否则最终只会让自己失去更长远的利益。

世界上没有免费的午餐，如果你想通过谈判从对方手中获取利益，那么就必须正视对方的需求，并适当地满足对方。一个谈判者，不能很好地认识到这一点，不肯选择协调和合作，那么注定要为自己的这种急功近利付出代价。

当然，协调并非不顾及原则，在谈判中做出让步，是为了实现双赢。彼得·林奇是一个聪明的谈判者——在他做出妥协之前，他往往会问对方类似问题："如果我们不再催促你们提前交货，在价格上我们能得到什么优惠呢?"与那些糟糕的谈判人士相比，彼得·林奇是睿智的，因为他更能充分地利用积极谈判策略，以求获得更多的利益。

肯尼迪政府学院的劳伦斯·萨默斯教授针对彼得·林奇的这种睿智的谈判方式，说道："聪明的谈判者会在确保自己的利益不被侵犯，以及实现长期利益的同时，做出一定的妥协，然后以这些妥协，满足对方的需求，换取己方需要的利益。这样一来，双方不仅在谈判桌上熄灭了硝烟，在实现了双方都有利可图的局面的同时，还实现了互补互助的长远合作，以及长远利益的维护工作。”

2. 摸清对方底线，让你在谈判中胜人一筹

谈判并不是简单的交流，而是一种让步的艺术，但是也不是简单的你进我退，它需要谈判双方尽可能地争取自身利益。可以说，谈判者只有在谈判中摸清对方的底细，才能使自己处于主动地位。对此，肯尼迪政府学院营销学教授埃里克·布莱特劳表示："谈判中正确摸清对方的底细很重要。"但是摸清谈判对手的底细，并没有说起来这么简单。因为往往很难从对方的话语中找出自己想要的信息，而且经常会掉进对方的陷阱中，变成"冤大头"。

因为惯性，人们在反复进行一项工作的时候就会形成一种固定的思维，所以谈判高手往往能根据对方提出的要求、语言、态度等分析出对方的目标，从而掌握谈判的主动权。换言之，如果谈判中发现对方能时时洞察你的思想，这时，最好换一种谈判策略。比如，可以要求，找一个人代替你进行下面的谈判。因为对方不知道新的谈判者是什么谈判风格，所以针对你的谈判战术就失效了。因此，不得不重新

制定谈判战术，而这时候则是反击的最佳时机。

事实上，作为一种谈判战术，更换谈判者除了能打乱对方的策略之外，还可以借此摸清对方的目的。如果谈判者善于运用这样的策略，就一定能很好地摸清对方的意图，从而在谈判中出奇制胜，获得谈判的最终胜利。

美国史乐斯三兄弟共同打理一家企业，他们每次与对手谈判时，都会在不同的阶段分别上场。通常，都是其中一个先与对方接触，提出非常苛刻的条件，等到双方谈不下去的时候，史乐斯一方便会提出暂时停止谈判。当谈判再次开始时，史乐斯三兄弟再派出另一人进行谈判。这时，第二个出场的人会针对对方的目标和态度，与对方认真较量，直到对方几乎无力应战之际，再次退出，让最后一人上场。

通过前两个回合的较量，最后一人基本上已摸准了对方的底牌，因此过不了多久，对方迫于心理上的巨大压力就会做出让步，并在合约上签字。

史乐斯三兄弟之所以能够取得谈判胜利，就是因为他们在谈判中不断地更换谈判代表，打破了对方的步调。那么，面对谈判对手在谈判中更换谈判者这种情况时，谈判者应该怎么办呢？首先，谈判者要保持冷静的头脑。谈判者可以先保持沉默，让对方先发言，在对方的发言中摸清对方的想法与态度，经过分析之后再提出自己的要求，这种后发制人的方式常常能收到良好的效果。如果这位谈判者比之前的谈判者更容易对付，你可以加快谈判步调，争取尽快与之达成协议；如果这位谈判者比之前的谈判者难缠，则可以采取拖延政策，在交流中摸清对方的底细，再研究对付对方的策略。

还会有一种状况，就是刚刚登场的谈判者不想谈之前的话题。遇到这种情况时，可以坚持与对方讨论原来的话题，但是不要把注意力放在有争议的方面，因为很容易把谈判变成僵局。可以换个角度来讨论问题，这样可能会得到良好的效果。而对方更换谈判者也传达出了一个信息，即对方想要改变目前的谈判局面，这时候可以试探对方的真实目的，从而摸清对方的底细。

肯尼迪政府学院营销学教授埃里克·布莱特劳告诉学员们："摸清对方的底细其实并不是一件很难的事情，除了要对对方进行察言观色之外，只需要掌握一些摸清对方底细的技巧即可。如果我们能知道对方的底细，成功就离我们不远了。"

美国前总统尼克松一次访问日本，美国前国务卿基辛格与其一同前往。在尼克松参观过程中询问导游一个历史事件，但是导游小姐好像是忘记了，一时没有回答。这时候，基辛格马上说出了那个历史事件的时间。从这件小事可以看出来，基辛格在访问日本之前做好了充分的准备，阅读了大量的日本历史书籍，以备不时之需。

美国人向来重视谈判技巧，总是在谈判前就把目标确定清楚，美国人在谈判前通常会收集各种可能有用的资料，包括谈判对方的个人信息，包括出身、学历、性格爱好等。

一家美国公司与一家日本公司洽谈业务。针对这次谈判，美国公司召集了公司里谈判经验丰富的人员对当时的国际行情进行解与分析，并结合两家公司的实际情况制定了适用的谈判方案。对谈判桌上可能出现的各种情况进行了预估，并且给出了具体的应对方法。

由于美国人提前摸清了对方的底细，因此在谈判中处于优势地位。谈判一开始，按照国际商务谈判惯例，由卖家首先报价。报价并不是一件简单的事情，它是一门学问，有很多技巧。如果价格报得过高，就会把对方吓跑；如果价格报得过低，就会让公司遭受不必要的损失。

在这次谈判中，日本作为卖家先报了价。日本人报的价格是900万日元，而这个价格比当时国际行情高出了不少。如果美国人不知道国际市场上的价格，肯定会以这样的价格为谈判的基础，并在此基础上讨价还价，吃亏的一定是美国人；如果美国人知道国际市场的价格，日本人也没有什么损失。

实际上，美国人早已知道了国际上的价格，也知道日本人是想试探他们而已，于是果断拒绝了日方的报价。接下来，日方采取转移话题的方法，不再与美国人谈论价格问题，而是开始介绍产品的功能与质量特点，想用这样的方法来支持自己先前的报价。但是，美方对于日方这样的策略没有动摇，开始旁敲侧击，说出了日本国内该商品的行情。在此之前，美国人就了解了日本国内同类商品价格。面对美国人的旁敲侧击，日本人后知后觉地知道了美国人的意图，因此找了个适当的理由否定了原来的报价，并以请示上级领导为由，要求暂时停止会议，准备重新报价。

看到这样的情形，美方知道这轮谈判不会有结果，同意暂时停止谈判，给对方留时间思考。最终，美国人赢得了此次谈判。可以说，如果美方没有在谈判前摸清对方的底细，赢得谈判的将会是日本人。

斯图尔特·戴蒙德曾经说过："认清对方之后再交易，一直是美国人的经商法则。"在谈判中美国人在遇到自己不懂的问题，他们一定要彻底了解之后才善罢甘休。

想要摸清对方的底细，我们就要通过对方的言行举止，发现对方真实目的。

一次，有一批日本商人去法国参观一家很有名的器材厂。法国器材厂的负责人很热情地接待了这批日本客人。他带领日本客人参观实验室，一边耐心地为客人解答各种问题，一边认真地观察日本商人的举止。因为这项技术很先进，为了防止有人借参观的名义盗窃先进的技术，不得不认真观察来访者的行为举止。

开始，这些商人都还算老实，但是在参观一种新技术形成的溶液时，法国公司的负责人发现，一个日本商人把领带末端放进了溶液中。这个细小的动作却被法国公司负责人察觉了，于是他叫来一名助理，悄悄地告诉他，让他准备一条新的领带。在参观即将结束的时候，助理捧着一条新的领带来到那位日本客人面前，礼貌地对客人说："先生请稍等，您的领带脏了，给您换一条新的。"面对对方的礼貌与热情，日本客商尴尬地换下了自己的领带。

其实，这位商人是想利用这样的方法把先进的溶液带回日本进行研究，希望能找出配制先进溶液的方法。但是，因为法国公司负责人的细心，这一窃取行为在友好的气氛中被瓦解了。所以说，一定要注意观察对手的一言一行，因为很多信息都隐藏在对方的言行举止中，我们或许就能从中找出很多有利的信息。

作为一名优秀的谈判者，必须有敏锐的眼睛，捕捉有利的信息，从而摸清对方的底细。因为摸清对方的底细是取得谈判胜利的第一步。

3. 不说理的谈判术——让谈判只“谈情”

不可否认，谈判是为了争取利益和维护利益而存在的，但如果把谈判桌上的关系搞得太僵，也无益于谈判本身。而肯尼迪政府学院的教学宗旨强调以感情为先，劳伦斯·布朗教授多次在课堂上指出：“虽然朋友转身可能就成了谈判对手，但如果合理地运用好感情，就能使谈判事半功倍，达到意想不到的成功。”

在人与人交往中，人们通过感情维系关系。尽管谈判活动是包含利益和冲突的活动，且双方并不是为了维护友好关系或进行合作而来，但感情因素是人们表达态度的普遍元素。俗话说：“晓之以理，动之以情”，在进行谈判活动时，可以用“动之以情”来改变谈判面临的僵硬气氛。

在进行谈判活动时，谈判者要运用好第一步——“打招呼”。双方刚开始会面时，不要直接切入主题，应先谈论一些平常的话题，比如，天气、爱好、兴趣等与谈判无关的话题。表面上看，这些话题可能无关紧要，没有丝毫价值可言。但实际上，如果“打好招呼”，就能有个良好的沟通氛围，从而使谈判活动顺利进行。要知道，语言交流是谈判中最主要的手段。在谈判活动中，人们可以通过语言表达自己的意愿，同时，语言也是一种感情润滑剂，而带有感情色彩的谈判语言，最能引起对方的共鸣。因此，在谈判开始，要用带有感情的话语作为开局，以获得对方的好感。

无疑，任何谈判都需要在良好的气氛下才能顺利进行。所以，营造一个良好的谈判气氛，能对谈判的成功起到推进作用。而如何营造一个轻松友好的谈判气氛是需要一定技巧的，这其中就需要谈判者具有一定的感情控制能力。通常，积极的谈判者会运用积极的感情进行谈判，因为这样可以在说理不起作用时，用感情说服对方，以达到维护或获取利益的目的。

在商务谈判中，“声东击西”是一种谈判策略。高明的谈判者总是会在面对棘手的议题时，掺入其他的谈话内容。通常“声东击西”的谈判方式，被运用在一些非正式场合。而在轻松的谈判环境下，双方可以畅所欲言，进行一些增进双方感情的沟通。比如，谈论家庭、爱好等。事实上，在商务谈判过程中，与谈判对手建立感情或友谊，是一件非常困难的事情——一方面是由于双方站在不同或对立的立场；另一方面是因为大部分谈判者虽然提前了解了对方的信息，但对本人的真实性情知之甚少。

因此，在不同的场合，应选择收放自己的感情。比如，在饭桌上可以谈论轻松的话题，而在正式场合，要少说轻松话题。只有在说理不起作用时，转而采取谈情，从理论策略转化到情感策略。这是商务谈判过程中的一种“攻心术”，主要是运用感情诱导或情感的发泄，去影响、洞悉对手的情感方向，以此来扭转谈判局面。在商务谈判中，这种策略往往是非常有效的。所谓“投其所好”，指的就是迎合对方的喜好，从心理或感情上来讲，就是让对方得到满足。在建立基础感情后，提出自己的要求或条件，让对方接受，以达到自己的谈判目的。

心理学研究表明，如果一个人能主动关心另一个人，通过对方的外部感官传达给内部的感官，从而使双方更容易沟通或增进感情，并成为互助互利的合作伙伴。在商务谈判中，投其所好往往是比较明智的一种策略，它可以使谈判双方建立感情基础，有了感情基础，当谈判走入“死角”的时候，谈判得以继续下去。

可以说，谈判的过程就是协调的过程，除了“晓之以理”，更要“动之以情”。当然，这个转换过程，一定要随机应变。比如，双方一直为价格争执不下，买家不肯放宽，卖家又不肯放低，在这种争执不下的情况下，如果购买方这样说：“这是我们公司现在可以给的最高价格了，虽然其他卖家也找我们协商过，但是我们公司认为贵公司的产品更能令顾客满意，所以我们希望能和你们成为合作伙伴。”卖家的谈判者可以这样说：“这是我们现在给你们的价格底线了，贵公司的业绩，一直让我们非常钦佩，能与你们合作是我们的荣幸，所以我们已经把价格放在了最低线。”像这样的谈判方式，在明确自己立场的同时，应用带有感情的谈判语言，对对方进行真诚的赞美，在赢得对方的好感的同时，也为谈判成功增加了筹码。

每个人都希望得到别人由衷的赞美，商务谈判也是交际的一种，所以同样适用。在商务谈判中，谈判者应该时刻关注对方的言行，把握对方的心理活动，了解对方喜好，然后再投其所好，这样才能对谈判起到重要作用。当然，除了运用赞美的语言，还可以通过带有感情的礼貌用语、幽默用语等方式，从而促进谈判顺利进行。

其实，“动之以情，晓之以理”是大部分谈判者在商务谈判过程中用到的谈判策略，这种惯用的策略时常被用到人际交往活动中。可以说，两者是相辅相成的。只要对方不是一个蛮不讲理和毫无感情的人，合理运用采取情理兼至的谈判策略，就等于掌握了一把打开突破口的金钥匙。除了“晓之以理，动之以情”的相互配合之外，谈判者还应该针对不同的谈判形势或局面，采用不同方式，这样一来，才能得到一个满意的谈判效果。

在现实商务谈判活动中，很多谈判之所以陷入僵局，与谈判者只讲理不谈情有着密不可分的关系。正如劳伦斯·布朗教授所言：“在商务谈判中，‘讲理’就是‘讲利’，而‘晓之以理’就是告诉谈判者，要明白其中的利害关系。”这样的谈判方式，比一般的谈判方式更容易取得谈判的成功。

4. 巧妙转移话题——避免引爆对方的情绪炸弹

曾经就读于肯尼迪政府学院的企业家桑迪亚公司执行总裁布拉德福德·奥伯韦杰说："毕业这么多年，我明显感觉到在肯尼迪政府学院学习的那些谈判课程，让我受益匪浅。"当媒体问及谈判课程带来的益处时，他幽默地表示："我能把一美元的资产，用45万美元的高价卖出去，这就是我从这门课程中收到的直接收益。"

对于谈判，奥伯韦杰提醒谈判者注意，在谈判中，转移话题是打破谈判僵局的最佳方法。

1988年，日本首相中曾根与苏联共产党书记戈尔巴乔夫在克里姆林宫举行会谈。当时的谈话气氛很紧张，期间戈尔巴乔夫还用拳头敲打桌子，并很生气地说："日本有人说只要日本经济不断发展，苏联就一定会屈服于日本。我想说的是，不管怎样，苏联是不会屈服的！"此话一出，中曾根也不示弱了，他用强硬的语气反驳说："两国加深交往是最重要的，而阻碍两国建交的，就是北方的领土问题。这个问题形成的原因就是斯大林向属于北海道的岛屿派遣军队。”中曾根的这些话让会谈陷入了更紧张的气氛中，但之后中曾根平复了一下自己的情绪，平缓地说：“我是东大法律系的毕业生，而你是莫斯科大学法律系的高才生。我们都是法律系的毕业生，应该知道国际法对此的相关规定。按照国际上的惯例来看，日本的主张是正确的、合理的。”

闻听此言后，戈尔巴乔夫不再那么激动了，他微笑着说道：“正是因为我不适合当法律家，所以现在成了政治家。”这就是转移话题的技巧，戈尔巴乔夫巧妙地避开了中曾根话题中两国的冲突，缓解了当时会场的气氛，让谈判得以继续进行。谈判双方因为代表各自的利益，谁都不想轻易让步，所以谈判的气氛难免紧张，甚至还会引起唇枪舌剑。现实谈判现场常常会出现谈判一方巧妙转移话题，以让紧张的气氛得到缓解，致使谈判顺利进行。

从上述案例可以看见，转移话题是化解僵局，化解紧张气氛的有效方法。但是，转移话题是有一定基础的，这需要谈判者对语言有很好的驾驭能力。有时候，话题转移得不好，很难取得预期效果。

谈判是为了维护自身利益，所以即使转移了话题，也不要忘记主要目的。需要注意的是，转移的话题虽然不是主题，但是必须是与主题相关的。转移的话题可以根据具体情况选择，但要遵循就近原则，不能不着边际。

研究人员发现，人在紧张的心理状态下，突然听到一个不一样的话题时，就会很容易把注意力转移到这个话题上去。现实中，常听到类似这样的话：“关于这件事，先生说得很有道理，但是在这之前……”“正如您所言，这是一个很重要的问题，但是我们换个角度来看……”而这些往往能转移对方的注意力。

转移话题是一种非常有效的谈判技巧。通常，场面越紧张，转移话题这一方法越能发挥作用。

现实生活中，当小孩子哭闹时，家长可指着天空说："快看飞机。"这一转移注意力的方法是很有效的，孩子这时候多半会去看天空中有没有飞机，而停止哭闹。同样，在紧张的谈判桌上，这个方法也能产生出其不意的效果。谈判中，经常会遇到一些很难正面回答的问题，不回答会使气氛尴尬，回答了又会令自己处于不利地位。如果这时候能巧妙地转移话题，就能化被动为主动。

有一个美国人到中国旅游，参观完韶山毛泽东的故居之后，在附近找了一家饭店吃饭。饭店的饭菜很好吃，美国人很满意，结完账之后，这位美国人突然问了一句："如果毛泽东主席还在，他会不会让你们在这里开店？"这样的问题其实很难回答，如果回答允许，有些不符合事实；但是如果说不允许，又会对毛泽东主席有些不尊重；如果不回答，会影响当时的气氛。

老板娘思考了一会儿，从容地回答说："如果没有毛主席，我们早就已经死了，怎么能在这里开店呢？"这样的回答既回答了对方的问题，也避免了因为正面回答而产生的尴尬。

外交场合，还可以用语言的模糊性来偷换概念，以达到某些特殊效果。有一次，周恩来总理设宴接待一批外交使者。宴会上，使者们都赞赏中国的菜品，气氛很好。但是接着端上来了一道汤，汤里的冬笋被雕刻成了"万"字，这个图案在外国使者看来是法西斯的标志。这时候，使者问周总理："为什么菜中会有法西斯的标志？"

周总理心平气和地解释了这个图案在中国代表的含义："这是我们中国的'万'字，代表着幸福绵长，代表着对客人的真诚祝福。"然后，周总理夹起一片冬笋，很幽默地说："就算是法西斯标志也没关系，我们大家一起来把他吃掉，一起消灭法西斯。”这时候，在场的所有人都笑了。

英国前首相威尔森在进行竞选演讲的时候，突然跑出来一个人打断了他。这个人大声地批评威尔森的演讲，并把他的演讲贬得一文不值。面对这样的捣乱者，威尔森没有生气，而是微微一笑，然后很平静地对那位先生说：“先生，我们马上就要谈到您说的脏乱问题了。”这样一句幽默的话，不仅打破了尴尬的局面，让全场人都笑了，也让那位捣乱的先生哑口无言地退了下去。

苏联诗人马雅可夫斯基在一次会上朗诵自己的新作，然后他收到一张纸条，上面写着：“您说自己是一个集体主义者，但是为什么在您的诗中总是用‘我’呢?”马雅可夫斯基当众读出了这张纸条，然后说：“尼古拉二世（一位独裁的暴君）在讲话的时候总是用‘我们’，难道我们可以说他是一个集体主义者吗?”这样的回答让会场爆发出热烈的掌声。

上述案例中，马雅可夫斯基并没有正面回答对方的问题，而是转移了话题，以尼古拉二世的例子来回答对方。当然，在用这样的方法应对难题的时候，要注意转移的话题与原话题要有联系。如果没有联系，这样的方法就不会取得良好效果，甚至还会让对方对你产生不好的印象。

除了可以应对不想回答的问题之外，转移话题还可以应对谈判中情绪过激的人。谈判是一个说服人的过程，在说服过程中，除了要抓重点，采用合适的方法之外，还要小心对方的情绪。在谈判中面对非理性的情绪，巧妙地转移话题是很必要的。

谈判中发现对方的情绪不稳时，可以暂时抛开谈判的主题，通过转移话题，来缓和现场气氛，以免对方的情绪过于激动，导致谈判陷入僵局。但是要注意选择的话题不要与主题毫不相关，否则当你想要把话题拉回来的时候，就会显得有些力不从心。

对此，奥伯韦杰表示，谈判中应对对方的情绪很重要。如果对方的情绪出现异状，就不要继续步步紧逼，可以将谈判的话题先转移到一些轻松点的话题上，以让紧张的情绪喘口气，因为这样才能保证谈判顺利进行。

5. 双赢谈判博弈，赢得制胜先机

谈判虽然没有绝对公平，但是时机对每一个人都是公平的。谈判者必须紧紧抓住时机。肯尼迪政府学院市场营销教授大卫·贝尔坚信，在谈判的时候，当形势对你有利时，尽快地结束谈判才是明智之举。

美国一个偏远的小镇有一个由 10 个农民组成的类似于法院的组织。按照规定，无论什么样的判决都要经过这 10 个人的同意才能生效。一次，针对发生在小镇的一起案件，其中 9 个人都认为被告有罪，只有一个人坚持被告是无罪的。因为意见不一致，所以这个案件一时间陷入了僵局。虽然 9 个人想要说服不同意的那个人，但是对方却固执己见，不改变自己的观点。一天过去了，依旧没有结果。

就在大家一筹莫展的时候，天气突变，一场大雨就要来了。那时候正值秋收，每家都有粮食在院子里晾晒。由于那 9 名农民都为自家晒在院子里的粮食焦急，所以他们希望尽快结束这个案件，回去收粮食。在这种情况下，那9名农民中的代表对对方说："老兄，快要下雨了，你就不要再固执了，我们的粮食都在外面晾晒，赶快解决这个案子回家收粮食吧。"那位坚持被告无罪的农民见他们都很焦急，更加坚定了自己的立场，即坚持认为被告无罪。而那9名农民看着外面的天气很是着急，在一声惊雷之后，他们终于坚持不住了，开始改变自己的立场，转而认定被告无罪。

由此可见，时机很重要。在上述案例中，那名坚持认为被告无罪的农民正是抓住了谈判的时机，才取得了最后胜利。很多谈判之所以没有成功，并不是谈判技巧用得不好，而是没有找到合适的时机。

大卫·贝尔曾说过："谈判不是一蹴而就的事情，它分为很多步骤，其中的每一步都要在最佳时机下进行，这样才能步步为营。如果时机把握不好，可能谈判还没开始你就已经处于下风了。有时候，即使你们很有可能就要达成协议了，但是因为没有掌握好时机，错过了对你有利的签约机会，然后就必须要面对对方的讨价还价，最后在让出一些利益之后才能达成协议。所以说，好的时机在谈判时是很重要的。"

选择适当的时机看似简单，但却不是一件很容易的事情。因为时机出现的时间并不是固定的，而你在谈判前根本就不知道有什么样的机遇出现。这就需要你用心观察整个谈判过程，找出最佳时机，做出正确的反应，从而让谈判顺着你的思路发展下去。

在谈判中谈判者一定要抓住时机，利用对自己有利的时机来适时地结束谈判，让谈判结果对自己有利。对谈判者来说，有时候时机比才能还要重要。许多有才能的谈判者之所以失败就是因为没有把握好时机。那么，在谈判时，到底什么对自己不利？什么样的时机又是对自己有利呢？对此，斯图尔特·戴蒙德总结出了以下几点对谈判者有利的时机：

（1）在对方心情愉快的时候。

人在心情愉快的时候比较容易接受条件，自然谈判也会顺利一些。

（2）在别人倒霉的时候。

人在倒霉的时候，心情低落，并产生一种消极的情绪。这时，谈判者若抓住这个时机与对方谈判，很有可能会取得成功。

（3）对方刚上任或者是即将下台。

刚上任的人一般都急于表现，想要干出些成绩来，这时候是一个好时机。同理，即将下台的人不愿费尽心机，一般不会斤斤计较，只求维持现状，也较容易达成协议。

（4）在对方比较忙的时候。

一般情况下，比较忙碌时对方不想再分散自己的精力去应付其他的事情，这时与他们谈判比较容易达成目的。

总之，要抓住良好的时机，才能确保在谈判时取得先机。

6. 良好的谈判气氛可以大大提升谈判的成功率

肯尼迪政府学院桑德拉·希尔教授曾经说过："一场成功的谈判活动，除了看你的对手是谁，还要看谈判的气氛。"谈判环境是由气氛的变化而形成的，它直接影响到整个谈判的过程和成败。而所谓的气氛，是由谈判双方各自表现出来的态度而定的。谈判气氛多种多样：有热烈的，也有冷淡的；有积极的，也有低迷的；有友好的，也有对立的；有轻松的，也有紧张的……不同的气氛会形成不同的谈判环境，会对谈判结果造成不同程度的影响。因此，肯尼迪政府学院的教授提醒学员们："对于谈判者来说，不仅应该了解谈判气氛对谈判的重要影响，还必须懂得营造一个良好的谈判气氛，去影响谈判的整个运作。"

谈判者要想营造一个良好的谈判气氛，必须在谈判开始时就采取行动。比如，在开局时，不要向对手提出一些棘手或敏感的问题，应该以轻松的话题展开谈判，多谈论一些能引起对方情感共鸣的话题。

比如谈一些双方都有兴趣的题外话，以提升友好氛围，创造感情上的相互亲近。当然，谈判自然免不了争论，使用技巧和策略也是谈判的必然，但是要以谦和、友善为基础，这样一来，才能营造和保持和谐的谈判气氛。如果谈判一开始就形成了良好的气氛，那么对谈判过程中的沟通交流将起到良好的影响。所以，希尔教授对学员说："成功的谈判，建立在良好的气氛上。"

当戴蒙德得知自己将被派往法国进行谈判工作时，心里非常激动，因为这正是他所期望的。

一周之后，戴蒙德登上了前往法国的飞机，此次商务谈判为期半个月。飞机抵达法国国际机场之后，戴蒙德很快走下了航梯。迎接他的是两个衣着考究、态度和善的法国人，他们先深深地拥抱了戴蒙德，然后再友好地和他握手。

迎接戴蒙德的两个法国人，帮他顺利地通过了海关，然后三人坐上了一辆豪华的轿车。戴蒙德舒服地靠在座位上休息，他看了看那两位迎接他的法国人，并没有和他一起坐，而是挤在前排的小座位上，这让他在心理上得到了很大的满足感，因为这使他感觉自己受到了重视和尊重。但他还是问其中一位法国人："你们为什么不和我一起坐，你们这样坐不觉得拥挤吗？况且，后面的位置很宽敞。"

这位法国人毕恭毕敬地回答道："不！您是我们最重要的客人，远道而来，在飞机上就没有好好休息。此时，我们应该提供宽敞的场所，让您好好放松一下。"戴蒙德对这位法国人的回答非常满意，自然也就对谈判对手产生了好感。

上述案例不难看出，法国人的举动为此次谈判的顺利进行，打开了一个良好的局面，建立了良好的气氛。戴蒙德的此次谈判旅程表明，谈判气氛对谈判进程而言是极为重要的——良好的谈判气氛，对谈判顺利进行能起到重要的作用和影响。因此，肯尼迪政府学院的教授认为，谈判需要灵活运用谈判技巧，营造良好的谈判气氛。只有创建一个真挚、轻松、友好的谈判气氛，才能产生期望的谈判结果。

事实证明，良好的气氛能促使谈判顺利进行，谈判双方都愿意在一个良好的气氛下进行洽谈；反之，恶劣的谈判气氛，会对整个谈判造成不良影响，尤其是谈判的开局——如果一开始，你就向对方提出一些锋利、苛刻的问题或条件，那么就难以营造友善的气氛，甚至会给对方留下一个恶劣的印象。

其实，大部分商务谈判最终的结果都是朝着共赢方向发展的。因此，根据共赢谈判模式的要求，谈判双方需要在洽谈之前就奠定友好基础。也就是说，首先要建立一个友好的合作气氛，有了这个良好的开端，接下来的谈判也就会变得顺利许多。当然，除了开局气氛之外，双方谈判前后，以及整个谈判过程的交流，都会对谈判气氛产生影响。但是，最主要的影响还是开端，它对谈判过程的影响最为强烈。那么，如何才能建立一个良好的谈判气氛呢？肯尼迪政府学院的教授告诉学员，应做到以下几点：

（1）需要行动和谈吐的相互配合。

心理学家认为，人的心理状态，会从自己的语言和行为中表露出来。因此，谈判者在参加谈判活动时，应把行动和谈吐密切配合起来，做到行动不要慌张，谈吐要有涵养，否则，只会将自己的弱点暴露给对手。

有些谈判者认为，在谈判中说一些与谈判内容无关的话题，是没有必要的，其实并非如此。实际上，双方在闲聊的过程中，就已经在互相传递信息了。因为，对手闲聊的姿态，可以反映出对方的心理状态，这样一来，谈判者就可以从中分析，对手是信心十足，还是优柔寡断；是兴致勃勃，还是毫无兴趣等。

（2）自然的形象，是建立良好气氛的利器。

除了谈吐和行为动作之外，谈判者的形象也是至关重要的。谈判者一定要穿符合自身形象或符合企业形象的衣服，颜色不要太显眼，但一定要美观、大方、整洁。虽然各地的风俗习惯不同，穿衣打扮也各不相同，但是整洁在任何场合都是必要的。此外，在紧张的谈判过程中，谈判者切记不可随意拉下领带，解开衬衫的纽扣或卷起衬衫衣袖等。因为，这样会透露出你此刻非常紧张，况且，这样的行为也会让人觉得太过随意，没有规矩。而整洁不仅仅体现在衣着上，也体现在面容上，譬如，胡须需要刮干净等。

（3）将消极因素转化为积极因素。

谈判者应该把消极因素摒弃，或者转化为积极因素，使气氛变得更加友好、和谐，这样才能使谈判朝着创造性的方向发展。其实，谈判气氛的形成往往比较短暂，可能只是几分钟，甚至是几秒钟的时间。因此，谈判者在谈判时传递出积极因素非常重要——它不仅能成为谈判目标实现的推动力，还能改善谈判的气氛。所以说，谈判中如果出现了消极因素，谈判者应该把消极因素转化为积极因素。

当然，谈判气氛的营造也要因人而异，不同类型的谈判者，能营造出不同的气氛。但谈判者需要铭记的是，有利于自身的气氛，才是适合自己，也是谈判者最应该营造的气氛。不过，商务谈判实践证明：大部分谈判气氛都是介于两个极端之间的，也就是紧中有松。所以，谈判者需要根据实际情况营造适合的谈判气氛，以便使谈判得以顺利进行。

7. 在谈判过程中，说话是一门艺术

谈判是双方观点的互换，谈判者要清楚地表达自己的思想，认真倾听，根据对方的观点，用适当的提问找到突破口，说服对方认同你的观点。肯尼迪政府学院著名教授桑德拉·希尔总结出了以下谈判语言技巧：

首先用词要准确。谈判的焦点是利益，而在谈判中双方都想说服对方接受自己的观点，为己方赢得利益。因此，准确地表达自己的诉求至关重要。如果表达不准确，对方不能正确理解你的想法，甚至误解你的需求，影响接下来的沟通和交流，影响谈判正确方向，给双方带来损失。

其次是说话要有针对性。要想取得谈判的成功，谈判者一定要遵循这个原则。针对性指根据谈判对象的不同，采用不同的说话方式。由于人们的年龄、职业、兴趣、性别等各不相同，所以会产生不同的说话习惯。比如，男性与女性说话方式就不同——男性说话的时候比

较理性，而女性则比较感性；直爽的人喜欢直接的谈话方式，而含蓄的人说话则拐弯抹角。如果在谈判中忽视这些差异，一味按照自己的说话方式，务必会影响谈判的顺利进行。

再次是表达上灵活性。谈判是面对面的交流，没有很多思考的时间，并且谈判中会出现很多突发问题，即使在谈判前做好了充分准备，也无法预测到突发事件。因此，面对突发事件的时候，就需要谈判者有灵活的应变能力。遇到突发事件时，谈判者不要局限于谈判前制定的策略，要结合实际，适当地改变策略。

最后就是语言上的适应性。谈判时，谈判者一定要注意语言环境，包括时间、地点、背景等因素。语言环境很大程度上影响着语言表达的效果，而不同文化背景对语言的理解可能会有偏差。

实验证明，人在说话的时候，隔 30 秒停顿一次，既可以加深印象，也可以给对方提供提问或者回答的时间。此外，在谈判中适当的重复、语气变化可以让对方对自己所说的话加深印象。总之，在谈判中想要有良好的效果，就一定要注意表达方式。

此外，针对提问方式，希尔教授特意总结了几点：

（1）明确自己想要问什么。

提问的人首先要知道自己想要什么。如果你想要对方给你很详细的回答，那么你的问题一定要具体化。此外，提问时的用词也很重要，谈判者在提问时一定要认真考虑措辞，避免采用咄咄逼人的方式，以免让谈判陷入尴尬境地。提问之前一定要做好充足的准备与思考。

（2）选择适当的提问方式。

提问的方式不同，得到的回答可能也不同。比如，在谈判中这样问："你们的报价太高，你觉得我们能接受吗？"这样的问话明显有讽刺及威胁的意思，它反馈给对方的意思是，如果不降价，我们就没有合作的可能。这样强硬的态度会给对方不好的印象，甚至会让对方终止谈判。可以这样问："你们的价格超出了我们的估算，有商量的余地吗？"很明显，第二种说话方式平和，容易让人接受。

（3）注意对方的个人特点。

如果想要对方愿意回答你的问题，就要根据对方的性格特点来提问。如果对方是一个直率的人，你的问题就要简洁；如果对方爱挑剔，那么你的问题就一定要周密，这样才不会让对方对你的问题产生反感。那么，在回答对方的问题时，我们又应该注意什么呢？

首先不要毫无保留地回答对方。可以采用不确定的方式。希尔认为，谈判时毫无保留地回答对方提出的问题是一种不明智的行为，因为这样的回答大部分是对对方有利，而对自己无利的。更为值得注意的是，回答的时候要知道什么该说什么不该说。比如，对方问你打算买多少，如果你们想要购买的数量不利于讨价还价，那可以告诉对方，你们购买的数量根据他们的条件来定。

其次不要马上回答对方。在回答问题前，要考虑对方的意图是什么，特别是一些可能会暴露目标的问题，一定要谨慎对待。在对待一些不能回答的问题时，可以巧妙地转移话题，等到时机成熟了再说出自己的答案。

最后就是在回答对方的追问时，可以想办法让对方失去追问的兴趣。谈判时，提问者可能采用连续提问的方式提问。这样的方式对回答者很不利，很有可能会让回答者落入提问者的圈套。所以，回答问题时，要尽量让自己的答案使对方没有继续追问的可能。最佳方法就是在回答问题时避免提及主观原因，尽量多说客观理由。比如，如果对方认为你们的交货日期晚，可以强调运输等客观因素。

谈判中，讨价还价时有发生。有时候，对方提出的要求与自己的预算相差太远，这就需要巧妙拒绝。如果拒绝得过于生硬，就会影响双方的关系，影响谈判的顺利进行，使谈判陷入僵局。聪明的拒绝方法要让双方都觉得有回旋的余地，最终达成协议。

希尔告诉学员，谈判者可以用幽默的方式委婉拒绝对方。采用幽默的方式来拒绝对方的不合理要求，是一个行之有效的方法，这可以巧妙化解因生硬的拒绝而造成的尴尬气氛。

希尔认为，语言是沟通的关键，一定要注意表达方式。

8. 恰到好处的沟通方式，是谈判成功的保障

肯尼迪政府学院谈判课的教授斯图尔特·戴蒙德总结了谈判中沟通的几个技巧：首先，要仔细研究开场白。人们都知道第一印象很重要，开场白不仅能影响人们的第一印象，还能影响到谈判现场的气氛。所以在谈判时谈判人员一定要选好开场白，不要上来就谈主题，可以从一些轻松的、人们感兴趣的话题谈起，这样有利于创造良好的谈判气氛。

谈判时，一般双方都不会直接进入正题，往往讨论一些无关紧要的话题，这不仅仅是简单的寒暄。在有经验的谈判者看来，这也是一场交战。而交战的目的是建立自己的优势，影响对方的心理感受。

戴蒙德教授认为，要想沟通能顺利进行，就要让双方说出自己的想法，这样才能有针对性地沟通。此外，沟通时不要害怕冷场。戴蒙德认为，冷场有时是好事。如果对方是一个急性子，出现冷场时，那么他会打破冷场局面，先开口讲话，这样就能从对方的话语中得到更

多的信息。更为关键的是，出现冷场的时候，对方会揣测冷场的原因，反省是不是自己什么地方做得过分了。比如，是价格定得不太合理，或者什么条件提得太过分等，这样一来，对方可能会对接下来的谈判作适时的调整。

谈判中会遇到各种各样的人、各种各样的情况，需要根据不同情况选择最好的沟通方式，以便达到预期的目的。但切记不要忘记沟通的目标是什么，不要轻视沟通的每一个细节。要知道自己想要什么，底线是什么，还要知道对方期望。切记，在谈判中不能只想着自己的利益，

谈判过程，就是沟通过程。沟通最重要的就是语言交流，包括听、问、说。看上去很简单，但是实践告诉我们，沟通并不是一件容易的事情。谈判经常由于沟通不善而使谈判出现分歧，进而使谈判陷入僵局。

沟通是谈判的关键。那么，我们该如何解决沟通问题呢？戴蒙德教授告诉我们，想要化解谈判僵局，最好的办法就是建立个人交情，即在私下里进行良好沟通。也就是说，在谈判前与对方建立个人关系，用这样的关系来缓和双方在谈判中对立的局面。

要想与谈判的对方建立个人关系，首先就得取得对方信任。取得对方信任的第一步就要关注对方。美国著名学者戴尔·卡耐基曾经说过：“人最关心的就是自己，同时也希望别人能关心自己。”就像人们在看合影的时候，首先关注的一定是自己拍得好不好看。在听别人说话的时候，人们总是希望别人能提到你，并根据别人关心自己的程度，来决定自己关心别人的程度。正如戴蒙德所说的那样：“关注别人，就是给予别人一个委婉的赞美。这个赞美有助于建立良好的沟通氛围。”

想要取得对方的信任，就要学会替对方着想，留有余地。

实践证明，私下与对方接触是有效沟通的最佳途径，而私下与对方接触最有效的方法就是宴请。现在社会上流传这样一句话："交情是吃出来的"。这句话充分证明了吃饭在人际交往中的重要性。现实生活中，很多问题谈判桌上很难解决，但是在餐桌上就不一样了。因为轻松的环境让人们变得放松，很多问题更容易谈得开、谈得拢。

谈判之余，要求对方参加一些娱乐活动，也是一种很好的沟通方式。这样的情境下，容易忘记烦恼，比较容易接触，也容易接受一些信息。向对方赠送礼物表示自己的友好，减少对立情绪也是一种好的沟通方式。

在沟通时，谈判者一定要注意表达方式要委婉。因为双方处于对立地位时，委婉的语言才能让对方愿意接受你的条件。谈判高手总是会把自己的想法委婉地说出来，甚至是伪装成对方的观点提出来，这样会有很好的说服力。可以说，这正是谈判高手的高明之处。

总之，谈判中离不开语言。而说话方式的不同，会导致不同的谈判结果。

不管是在工作中，还是在生活中，沟通无处不在。美国哈佛大学肯尼迪政府学院调查小组曾经针对谈判失败原因展开调查，调查结果显示，因为沟通不畅，造成谈判破裂的竟然达到了90%。因此，关于谈判，戴蒙德说："不想再拉锯战上浪费时间，就与对方进行有效沟通吧。"

9. 学会价格谈判：让你在价格异议中胜出

谈判中，价格无疑是影响结果的重要因素。肯尼迪政府学院管理学教授马修·比德维尔曾说过："没有一场谈判，一场交易，是不需要讨价还价的。"可以说，讨价还价存在于谈判的多方面。通常，谈判的双方都希望以对自己有利的价格成交，而若是想让对方接受你的价格，首先就得了解对方发出的信号。

只有了解客户讨价还价的动机，我们才能对症下药，灵活应对客户的讨价还价。

谈判人员要想取得谈判成功，就要分析对方讨价还价的目的。只有知道对方是否愿意购买或者愿意花多少钱购买，才能调整谈判策略。

由于讨价还价容易造成僵局，谈判者要尽量把对方的注意力转移到其他方面。比如，产品的质量以及售后服务等方面，这样就可以避免谈判陷入僵局。

事实上，客户的购买意愿很大程度上来自他对商品的需求。因此，谈判过程中，谈判人员要了解对方的真实需求，重点介绍相关信息，如此对方在价格上的诉求将会受到抑制。

为了让公司获取更多的利益，谈判人员一定要掌握讨价还价的技巧。对此，斯图尔特·戴蒙德结合多年教学与实战经验，总结了几点技巧：

（1）用小单位，或者特殊数字报价。

报价的时候用最小的单位报价，报价的时候用带零头的数字。比如，一件商品报价 100 元，与商品报价 99 元给人的感觉是不一样。后者给人的感受是这件商品比较便宜。这两个价格并没有多大差距，但是人们会不自觉地认为带零头的价格很便宜，并且能让人产生物美价廉的感觉。

（2）证明自己报的价格是合理的。

当对方讨价还价时，谈判人员要以令人信服的证据来说明其物超所值，那价格自然就不是问题了。

（3）适当的时候要慷慨。

讨价还价最终结果通常是双方都做出一些让步。对于谈判者来说，想达成一笔交易，又想获取尽可能多的利益，关键得掌握让步的技巧。

谈判双方都想在讨价还价中得到好处。正是源于这样的心理，谈判者可以适当作出让步，让对方觉得自己占了便宜，那么在接下来的讨价还价中就不会过于坚持了。

（4）与其他商品进行比较。

这样做的目的是为了体现商品的价值。在与其他商品比较的过程中，突出商品的功能、质量等价格之外的因素。

（5）把讨价还价分步进行。

在对方讨价还价的时候，一定不要一次让步，这样只让对方觉得仍有很大空间，就会一直讨价还价。要分成几个步骤，慢慢进行。

总之，斯图尔特认为，站在客户的角度思考问题，是谈判成功的关键。如何与对方讨价还价，了解对方的需求最重要。

第五章

用生动的小故事诠释深奥的大道理

——肯尼迪政府学院的沟通课

1.识破沟通陷阱，认清沟通本质

2.理解来自沟通,沟通从心开始

3.沟通管理如何才能做到高效

4.沟通也要讲附加值

5.倾听——团队沟通的艺术

6.最强沟通术:影响你一生的哈佛沟通课

7.最佳的管理方式：站在平等角度上与下属沟通

1. 识破沟通陷阱，认清沟通本质

世界经济论坛 CEO 何塞·玛丽亚·菲格雷斯说：“沟通是情绪的转移、信息的传递、感觉的互动。”沟通无处不在，有效的沟通对于领导者来说尤为重要，但是并不是每个人都能做到有效的沟通。在对 30 名来自大型企业的高级经理人访谈后，研究人员惊人地发现沟通管理正在恶化，而这种恶化在很大程度上是管理者咎由自取。

为什么会这样？这还要回到菲格雷斯关于沟通的阐释：情绪的转移、信息的传递、感觉的互动。很多领导者将与员工之间的沟通单纯地理解为信息的传递。这是错误的，沟通的目不仅是为了传递信息，如果没有情绪、感觉上的交流，信息传递的任务也不能顺利地完成。应该将沟通看成是一个战略行动，而并非只是一个信息传递的过程。领导者在沟通中要摆脱五个管理沟通陷阱。这些陷阱严重阻碍了沟通顺利进行，扭曲了沟通行为。

陷阱一：词能达意。有些管理者认为词语代表着固定的意义。其实，词语的意义是人所赋予的，而并不是它所固有的。一个词语只是引发了意义与感官联系，对于词语而言，一个固定不变的意义是不存在的。一般情况下，一个词语和它所具有的意义是两回事，比如我们在听到“猫”这样的词时，大脑中可能会涌现一致的形象；但是像管理战略这些抽象的词语只是理念，并不具有任何具体表象，不同的人对它们会有不同的理解。调查中，大多数经理人表示他们都尽力使自己传递出去的信息精准无误，但正是这些精准的技术语言加大了理解的难度。正所谓隔行如隔山，除了业内人士知道那些词语的通常含义，外人一般都听不懂。

陷阱二：信息等于沟通。调查中，有三分之二的人将“信息”与“沟通”混为一谈。信息，只是单纯的事实、数据、情报；而沟通则是将信息、观念，甚至情绪感觉传递给其他人。沟通中存在很大的一个问题：你想表达的与听者所接收的往往风马牛不相及。因为外部环境、心理等各方面因素都可能扭曲信息的真正含义。但是，大部分人认为自己已经将信息原汁原味地传递给听众了，这种现象可能形成恶性循环，使沟通双方产生误解，彼此越来越不信任。

陷阱三：沟通是你所掌控的。一家企业的发展部经理说：“我们花了一年的时间制定了新的市场战略，而CEO与其他部门只花了一个下午时间做了一次展示，然后将幻灯片电邮给每个人。他并未确定别人是否收到，而只是想当然地认为别人都原封不动地接收到了他的信息，并对之表示认同。沟通并不是一件有形的物品，只要随手递过去那么简单。作为领导，你可能觉得你掌控了沟通的主动性，但你是错误的。你所做的每一件事都是在沟通，不管你愿不愿意，你的表情、你的衣着、你的办公室装修风格以及你闲聊时所透露的东西，甚至你的一个沉默都是在传递信息。信息是自己长了脚的，你无法不沟通，是接受者确定了‘沟通’的效果。”

陷阱四：能言善辩者善于沟通。能言善辩者为什么不一定是好的沟通者？能言善辩者只是有很好的语言表达能力，他们一般都不喜欢倾听，对别人的话总是“左耳进右耳出”；他们更关心自己的表现，习惯以自我为中心；他们只是试图用语言噱头来加深别人对他的印象，而从不考虑交流是否起到了应有的作用。而有效的沟通者应该是善于倾听的，他们所传递的信息应该是听者所需要的，应该是以听者所能理解的语言进行表达的。

陷阱五：业务沟通不需要感情。自从多媒体被大量应用于管理，大企业的沟通几乎可以形容为“冰冷的幻灯片展示，到了令人昏昏欲睡的程度”。很多员工表示他们都喜欢情感化的沟通，比如讲故事或者微博。有管理者称情感可以将沟通管理提升为“更高层次的约会”。感情及其相关的故事之所以更深入人心，是因为人们对其他人的经历感受要强于对抽象观念的感受，这就是情感所赋予的力量。因此，如果能将情感与理智进行完美的结合，信息就会起到好的作用。

以上就是管理沟通中最容易让人迷失的五个陷阱。想要让沟通达到好的效果，不仅要看沟通频率，而且沟通要有明确的目标、长期的战略计划。如果你不知如何来建立有效的沟通方式，相信下面所介绍的沟通步骤将会对你有很大的帮助。

第一，首先你要了解自己的沟通水平。请一些专业人士评价你的沟通技巧，或者是从侧面了解你传递出去的信息是否容易被人接受、理解，这样就能针对性地对自己的沟通方式做出改善。

第二，了解你的听众。要记住你不可能单方面决定沟通的效果。你的听众一旦接收到你的信息，就会对它们进行“再创造”，所以你要站在对方的角度考虑沟通方式。对于管理者来说，最主要的听众就是员工、客户以及与企业事务相关的对象。据调查，员工希望能够快速、轻松地理解领导说的话。

第三，明确沟通的目的。沟通的最主要的任务是为了说服。所以，在沟通中要强调表达自己想要说的事情，并事先了解说服别人的各种技巧方式。

第四，准备好你要传递的信息。沟通专家提醒领导者要能够做到随时传递你的信息。调查表明，企业领导者主要将大部分沟通时间花在五种信息上。一是公司文化，即我们应该如何做事。二是财务成果，即我们做得如何，以及能得到什么。三是内部结构，即谁负责什么。四是时间管理，即应该如何利用时间。五是管理者自身对工作的认识，即在做什么，为何做，这么做的意义是什么。

第五，出人意料。对于轻易拿到的信息，比如周报、销售数据、战略方案等，最好不要直接作为附件传出去。不要宣读电子表格上的数据或者是幻灯片上的内容，最好将这些材料组合成让人感兴趣的信息。为了达到这种效果，你可以引用令人吃惊的事实或者深刻的故事，或者是形象的比喻。一位领导为了说明企业为什么要在持续盈利的情况下开发新产品，引用了世界著名高尔夫球手伍兹的例子。他说，伍兹在事业的巅峰时期，依然每天练习击球，想要更进一步改善他的挥杆动作。这个鲜活的例子告诉员工，公司必须要用创新产品来应对市场的变化。所以，卓越的沟通者懂得运用一些能够引起共鸣的故事和比喻，使自己的理念更容易得到非专业人员的理解。

第六，选择有效的沟通渠道。领导者应该学会针对具体的信息选择合适的沟通渠道。每一个渠道各有优点与缺点，要学会巧妙地融合各个渠道的功能。与单一的信息传递渠道相比，多种渠道的结合更能产生巨大的效果。无论选择哪种渠道，都要确保自己的信息能够顺利地传给沟通对象。

第七，保持简单。沟通能力强的人一般都是“简约大师”，他们能够抓住信息中的核心元素。沟通能力强的人善于引用故事，喜欢用简单、易记的方式传递他们的信息。简约不仅可以强化激励、启迪的作用，还能够让信息形象化，给听者带来强有力的感官体验，不断地触动着听者的情感。

第八，做一个沟通计划。沟通计划就是你的沟通路线，要明白自己要去哪里，怎样走。只有这样，你才能明确自己的管理目标。

2. 理解来自沟通，沟通从心开始

哈佛大学肯尼迪政府学院托尼·塞奇在一堂沟通课上，强调说："沟通的一切是从心开始，只有用心去传达，才能使交流变得更有效、更顺畅。"领导者通常比员工有更多需要处理的事情，向员工布置任务，只是用下达任务的方式将工作安排下去，领导通常不会意识到沟通的问题，上下级往往不能实现有效沟通。

有一家纺织公司，常年为一家客户提供"乳白"布匹，仅这项业务每年就有高达几百万的营业额。一天，远在外地出差的CEO突然收到这家客户的一份30万元的订单，是"纯白"布匹订单，急用。于是，CEO立刻给销售部经理打电话通知下单，并嘱咐马上投入生产。但是，在交代的时候，CEO并没有强调这家客户此次要的不是以往的"乳白"而是"纯白"。简单交代后，又向销售部经理安排了一大堆要处理的事情。销售部经理本来想问一下关于布匹的具体要求，但是一想到CEO的火爆脾气，就没敢再细问。于是，已经习惯多年为该客户生产“乳白”布匹的销售部经理没有多考虑，便组织生产。结果可想而知，当布匹发给客户后，客户要求退货，给公司造成了巨大的损失。

这个例子中，由于情况紧急，CEO 没有考虑下属在执行任务时所需要的关键信息，只是轻描淡写地下达了任务，而忽略了与下属进行更详尽、平和的沟通，没有提醒下属应该注意的事项，最后不可避免地给企业造成了巨大的损失。

事实上，这是企业管理中常遇到的沟通问题。美国未来学家奈斯比特表示，企业未来的竞争是管理的竞争，竞争的焦点在于组织内部成员之间及成员与其他组织的有效沟通上。沟通看似简单，但是能够用正确的方式沟通却很难。人与人之间的沟通，35% 是语言沟通，65% 是非语言沟通。有人说，沟通的重点并不是沟通的内容，而是让对方容易接受的沟通方式。对于领导来说，他们很容易因为自己承担着巨大的压力，认为有些事情不需要向员工解释，尽职尽责是他们的本分。但是员工却并非这样认为，他们看到的是领导所享有的特权。所以，领导者与下属沟通时应该站在对方的角度上考虑，用心沟通，而不应是机械地下达命令，这样才能使沟通变得更有效。那么，领导者如何才能有效地与下属进行沟通交流呢？

第一，领导者必须意识到沟通的重要性。很多企业的管理问题是由于沟通不良导致的。良好的沟通不仅可以保证工作的顺利完成，还可以促进人际关系的和谐。相反，沟通如果受阻，不仅会导致企业生产力、服务品质下降，还会增加领导者的管理负担。

第二，领导者要建立良性的沟通体制。只有建立了良好的沟通体制，领导与下属之间才能进行有效的沟通。既可以通过正式的沟通渠道，每周例会、月会或者其他座谈会等，也可以运用一些非正式的沟通方式，比如电子邮件、公司聚会、周末旅游等都是不错选择。无论采取何种形式，领导者要切记，一定要让员工说话，而且是说出内心真实的想法。

第三，一定要以对方能够接受的方式进行沟通。领导者不应该按照自己的思维模式与其沟通，应以对方愿意接受的方式沟通，这样才能更好地提高沟通效率。

第四，要以良好的心态面对下属。沟通时，切忌暴躁、以势压人、轻视对方，否则下属可能就会产生心理障碍。在上述例子中，销售部经理正是因为怕被CEO责骂，而不敢多问，才致使公司遭受了巨大的损失。事实上，这样的错误是可以避免的，只要一方多问一句，就可以避免。

领导者与下属一定要用心交流。那么，如何才能做到用心呢？

第一，领导者要尊重员工，保持平等的心态。当员工受到领导尊重时，自然会尽心尽力。

第二，领导者要明白与员工是合作关系，而并非是雇佣关系。如果领导能够意识到彼此的合作关系，那么就能消除因为沟通而产生的矛盾。

第三，领导要尽量放低姿态，将员工看作客户，只有员工满意才能更好地服务于外部的客户。领导者要充分利用企业的资源，为员工提供一个良好的发展平台，帮助他们实现个人的价值。

第四，领导者要克制对员工的抱怨，化挑剔为欣赏。一个人只有在被赏识时，才能够发挥自身最大的潜力。

第五，领导者要学会与员工分享。这样一来，员工自然就会将自己看作企业的一分子了。

现代管理之父切斯特·巴纳德曾经说过：“管理者最基本的功能就是发展与维系一个畅通的沟通管道。”对于管理者来说，沟通就是将企业成员联系在一起，实现共同目标的一种方式。没有沟通就没有管理。沟通是企业的生命线，管理的过程就是沟通的过程。管理者要想与员工进行更有效的沟通，就要想办法让员工投入进来，用心交流，这样才能营造和谐的团队氛围，促使大家齐心协力。

3. 沟通管理如何才能做到高效

劳伦斯·萨默斯教授在肯尼迪政府学院讲课时曾说过："沟通不仅仅是知识的传递，也是一种能力。"竞争激烈的市场环境下，有效沟通是领导者必须要掌握的一项能力，如何才能进行有效地沟通呢？

第一，慷慨地夸奖。任何人都想听好话，所以，要想展开有效地沟通，首先要学会去夸奖他人。优秀的领导者一般都善于夸奖人。

一位经理的秘书每天都要做一份很复杂琐碎的报表，长期以来，这名经理觉得这是秘书应尽的职责，看后只淡淡地说句："好了，发下去吧！"有一次，经理在秘书面前认真地阅读，并夸奖她做了很细密的整合工作，对她表示由衷的感谢。秘书很惊讶，她说："谢谢您的称赞，这是我得到的最好的回报。"从那以后，经理发现，他的咖啡杯总是在他想要喝的时候被加满，秘书变得体贴、友善起来。

第二，明确沟通目标。俗话说："沟通对了头，一步一层楼。"沟通不是乱侃，也不是聊家长里短，领导与员工之间的沟通是为了实现目标。沟通中，如果没有明确的目标，就好比轮船没有方向一样，即使有充足的动力，也不可能到达胜利的彼岸。因此，要想进行有效的沟通首先要有明确的目标。对于领导者来说，目标管理就是一种有效沟通的方法，因为所有员工都朝着一个目标，所以沟通就有了共同的基础，从而改善沟通效果。

第三，沟通要保持平和的心态。平和是道，沟通中，领导者容易失去平和的心态，以势压人，使员工产生逆反心理，沟通效果自然适得其反。

沟通中，切忌急功近利，心态失衡。因为这样会使对方感到不适，沟通自然会产生障碍。有效的沟通，必定是在心平气和的情境下产生的，沟通需要修炼平和的心态，心态平和才会认真倾听下属的意见，才能集大家之智慧。

第四，沟通要双赢。领导想说服员工，同样，员工也想让领导认同自己的观点。事实上，真正有效的沟通就是谋求双赢甚至多赢的过程。只有使沟通双方都成为赢家，才是最有效的沟通。

第五，沟通要有技巧。通常情况下，沟通需要借用一定的技巧来实现沟通的目的。技巧都是为目标所服务的，任何人都愿意与志趣相投的人沟通，所以从某种程度上来说，沟通就是满足对方需求，投其所好。但是切记，沟通技巧不是以掩饰真相、骗人为目的，而是一种更人性化的沟通。

第六，沟通要真诚。只有真诚才能真正赢得人心。要用感情与对方沟通，就必须要了解对方的情感触点，事先做好准备，做到知己知彼。

第七，专业的素质。专业令人信赖、崇敬。尤其是在管理中，领导的专业素养是成功沟通的基础。沟通能否到位与领导的专业素质有很大的关系。能否专业地表达对某个问题的看法，是沟通成功的重要保障。

第八，充满正能量的沟通。任何人都喜欢与充满朝气的人沟通，管理也是如此。领导的积极态度、热情的生命张力会深深地感染员工，沟通当然也会达到理想的效果。

第九，人格的魅力。俗话说："沟通先做事，做事先做人。"做人必须修炼独特的人格魅力。人格的魅力为沟通的顺利进行提供便利，塑造魅力人格是有效沟通的有力武器。

第十，沟通要懂得妥协。之所以要沟通，是因为有障碍，有行不通的地方。沟通双方不是敌我关系，而是一种相生相合的关系，沟通中必须要懂得妥协。管理中，很多领导者不懂得与下属进行妥协性沟通。尤其是领导者处于"居高临下"的地位，即使错了，也不会放下架子承认错误，这就是管理沟通中的一大难题，怎么办？最好的方法就是敢于承认错误。千万别认为这是一个很没面子的事情，恰恰相反，这种做法只会提高你的威信。

4. 沟通也要讲附加值

在肯尼迪政府学院的一次演讲中，成功学教育专家董进宇说：“任何有效的沟通都需要相同的知识背景、相同的思维方法、相同的价值理念。”要想做到有效的沟通管理，领导者需要掌握沟通的附加值理念。所谓的沟通附加值其实就是人们寻求共同点的一种延伸。

所谓沟通附加值，就是人们沟通所带来的额外效果。可以使个人与团队工作更有效。

领导者需要掌握沟通的附加值理念。一般情况下，领导人应从三个方面应用沟通附加值的理念：激励员工不断超越、激发团队迎接变革与创新的热情、将功能障碍型行为转化为合作行为。

第一，激励员工不断超越。很多领导只关心将企业做成什么样子，却很少想过要将此事与员工进行交流。很多企业的愿景总是悬挂在会议室或者是领导的办公室里，除了领导者很少有人注意。

大陆航空公司执行总裁贝修恩曾经独自将公司带出破产的困境。

贝修恩很具有领导力，他明白领导不能只望着挂在墙上的愿景独自发呆。为了激励员工，贝修恩设立月度奖金，专门奖励准时上班的员工。他还制定预算目标奖励制度，专门奖励业绩表现优异的经理人。贝修恩的沟通工作不仅是收发电子邮件，他还经常到工作现场与员工打成一片，与员工一起分享经验，讨论策略，并向员工说明当前的工作与开展这些工作的目的。贝修恩深谙沟通之道，正是这些沟通细节给他的管理带来了极大的方便。

麦克纳尼也是一位善于沟通的领导。2000 年，在他刚接手 3M 时，这家企业正处于战略不明的状态。麦克纳尼掌管公司后，除了创新产品外，他解雇了上千名员工，制定了严格的绩效考核制度，并制定战略将公司业务专注于医疗与高科技产品。令麦克纳尼欣慰的是，大部分员工都很支持他。针对这一现象，他在接受媒体采访时说："公司的员工都觉得自己还能做得更好，并愿意与他人协作获得更大的成就。"除了工作上的合作，喜欢体育的麦克纳尼还成了公司的主教练。他在工作上设立很高的目标，并要求员工去完成它们，但他并非只布置任务，其他不闻不问。相反，他每天都与员工一起工作，帮助他们完成工作。结果麦克纳尼接手公司不到两年，公司利润就上涨了三分之一。

这两个事例告诉人们，一定要建立激励制度，并与员工一起实现企业的战略目标。

第二，激发团队的创新热情。领导者都明白创新的重要性，但很少有人懂得如何去创新。睿智的管理者一般会做三件事：引起大家的兴趣、促使员工互相合作、放手让员工去做。优秀的领导善于倾听，喜欢提问。提问可以使回答者与自己产生观点一致感，增强参与者的自豪感并促使他们更优秀。通过提问促使员工发挥潜在的创新力，让他们进行深度思考。每个人都具备很强的创新潜力，关键在于能否将它激发出来。

品牌建设、创造力专家玛缇摩尔在一次对管理者进行的“头脑风暴”培训中，让参与者针对家用的报警系统提出新的点子，并要求他们不管点子多么古怪都尽量说出来。没过几分钟，他们就提出了七八个关于新装置的想法。起初的几个点子没什么新意，但是接下来就越来越大胆了。无论是哪个领域，玛缇摩尔的信条就是领导者要不断挑战，通过创造性思维提高绩效。而启发创造性思维最好的方法就是提问。

第三，将功能障碍型行为转化为合作行为。美国培训师、咨询专家希亚姆指出，一定要避免管理者的本位主义。他表示，控制危机要从管理者开始。如果公司经营顺利并持续获得利润时，企业就容易忽视一些不良因素，可能会导致企业失去一些利益。一家大公司繁荣之后，逐渐走向分裂。分析得知原因是企业老总忙于扩展，无暇顾及管理，使得管理者之间产生矛盾，不能协作。彼此沟通很少，甚至为争夺客户而互相争斗。工作中，员工之间产生矛盾不足为奇，甚至是无处不在，所以作为领导者应该时时留意。如果不闻不问，这些问题很有可能会使企业停滞不前，甚至倒闭。

关于如何应对员工之间的各种冲突，希亚姆提出了以下建议：首先要直面冲突，及时做出决定，或制定计划。其次，要注意话里隐藏的意思，而并不仅言语本身。领导者要全面看待问题，睿智的人会把冲突当成是机遇而非障碍。因为两个主体之间产生冲突，不可能是单方面的原因。

美国人际关系学大师戴尔·卡耐基曾经说过：“如果你要使他人喜欢你，或是你想让他人对你产生兴趣，你就需要谈论他人感兴趣的事情。”所以沟通并不是简单的语言行为，而是两个主体之间互相交流的方式。如果要想让对方接受你想要传递的，就要选择对方感兴趣的沟通方式。让对方产生兴趣，这就是所谓的沟通的附加值。沟通是明确企业管理战略目标的主要方式，是创造和提升企业文化与精神的基础。没有有效的沟通就不能达成共识，也就不能更快实现企业的目标。

5. 倾听——团队沟通的艺术

苏格拉底说："上帝给了我们两只耳朵而只有一张嘴巴，其目的就是让我们少说多听，听的要比说的多一倍。"但是在现实中，很多人一味地表达自己的想法而忘记了去倾听。统计发现，生活中真正懂得去倾听的人还不到四分之一。其实，倾听就像呼吸一样重要，认真分析一下就会发现，在日常的沟通中，效率最高的不是交谈也不是阅读，而是倾听。

美国教育训练大师史蒂芬·柯维认为，听是一种生理行为，而倾听则是一种艺术，一种心智和情绪的体现。生活中，每个人都有倾诉的欲望，当人不能满足自己的意愿的时候，就会产生失望、沮丧的情绪，如果这些情绪得不到宣泄，身心就会出现问题。人们需要发泄，发泄的最佳途径就是倾诉，而倾诉需要倾听，因此倾听成为沟通最重要的一种方式。

人际关系学大师戴尔·卡耐基说："做个听众比做一个演讲者更

重要。专心地听别人讲话，是对别人最大的尊重、呵护与赞美。”从心理学角度来说，每个人都认为自己的声音是最动听的，每个人都迫不及待地想要表达自己的愿望。在这种情况下，善于倾听者就成了最受欢迎的人。倘若一名管理者能够成为员工的倾听者，他就能知道每一位员工的需求，才有可能满足员工的需求，进而获得员工的拥戴。相反，管理者如果缺乏倾听可能会产生误解、矛盾，甚至是因为没有及时发现问题而产生危机。

美国著名主持人林克莱特曾经在一节目中问一个小朋友：“你长大后想做什么呀?”小朋友眨着水汪汪的大眼睛说：“我要当飞行员!”林克莱特说：“那如果你驾驶着飞机到了太平洋上空，飞机突然熄火了，你要怎么办呀?”小朋友低下了头，几秒后扬起头说：“我会告诉飞机上所有的人系好安全带，之后我系上降落伞，先跳下去。”现场观众一听，笑得东歪西斜。此刻，孩子两行热泪奔涌而出，林克莱特问他：“你为什么要那么做?”孩子带着哭腔但声音高昂地说：“我要去拿燃料，我还要回来！要回来的!”看到这里，人们心里不由对林克莱特产生敬佩之情。当其他的观众都哈哈大笑时，他仍能用倾听者应具有的亲和、耐心让孩子继续把话说完。

倾听是对人的理解与尊重，企业管理者要培养员工倾听的素质。良好的沟通是解决问题最好的方法，沟通最有效的方式就是善于倾听，忽略倾听必将导致沟通失败。倾听的目的是为了更全面了解情况，真正去解决问题，而不是双方要争个输赢。

古时候，有一个小国向一个大国进献了三个外形一样的用纯金打造的金人，金碧辉煌，可把大国的国王给乐坏了。不过，小国的使者在进献时还带来了一个问题：请大国判断一下，这三个外形完全一样的金人，哪个更有价值呢？大臣们想了很多点子，比如拿来秤称下重量，一样的；又请金匠检查材质，一样的；又请艺术家来评工艺，一样的，很长时间都没有分出哪个金人更具有价值。这可如何是好呢？就在此时，一名退位的老臣来到了大殿，他拿起三个金人观察了一下，然后让人拿来三根稻草。老臣胸有成竹地拿着三根稻草分别插入三个金人的耳朵、口中，结果插入第一个金人耳朵里的稻草从口中出去了，第二个金人的稻草从另一侧耳朵出去了，而第三个金人插进去之后，掉到了肚子里，什么动静也没有。然后，老臣微笑着对小国的使者说："第三个金人最有价值！"使者点头默默而去。这个故事告诉人们，最有价值的人，不是能说会道的人，而是善于倾听的人。善于倾听，是一个人走向成熟的标志，是一个成功者必备的品质。

在企业管理中，由于管理者与被管理者立场不同，双方很难顺利沟通。管理者往往不愿意倾听下属的意见，导致双方不能进行有效沟通。管理者因此不能掌握员工们的真实情况，从而给自己的管理造成障碍，最终影响企业的正常发展。一名优秀的管理者，首先要了解人性，每个人都希望对方能倾听自己的想法，甚至是牢骚，这样会有一种被认可的感觉，这是人的本能。所以，领导者想要受到员工的爱戴，最好学会去倾听员工的心声，让他们说出自己的意见，这样就知道如何顺利开展下一步的工作了。

肯尼迪政府学院院长大卫·艾尔伍德表示，倾听不是被动地接受，而是一种主动行为。倾听者不只是用耳朵听，在听的过程中还要思考。不但要紧跟倾诉者的思绪，还要跟得上对方的情绪，在适当的时候进行提问、分析，这样才能使沟通更深入。那么，如何才能掌握倾听的技艺呢？事实上这并不难，只要你克服心中的障碍，从细节做起，定能领会其中的奥妙。下面分享一些培养倾听能力的方式方法：

第一，尽量选择有利的倾听环境，安静、整洁的场所能够使沟通双方身心放松。

第二，沟通中，尽量缩短自己的讲话时间，专注倾听对方。

第三，要对对方的话题表示兴趣，并通过提问或者请他进一步解释来表明你正在认真倾听。

第四，要注视对方，尤其要注视对方的眼睛，将自己的注意力集中在倾诉者的身上，这样能够帮助自己更好地倾听，也能够让对方感觉到你聆听的热情。

第五，抑制争辩的念头。要明白你们是在交流，而不是参加辩论赛。争辩对于沟通没有任何益处，只会引起不必要的矛盾。所以要学会控制自己的情绪，抑制自己的冲动，平和自己的心态。

第六，保持耐性，让对方完整地表述。即使心中有想法，也尽量不要打断对方，否则就会影响沟通的效果。

第七，不要过早做出结论或者胡乱推测。很多人心中对一件事有了决定之后，便不再听取别人的意见，沟通被迫终止。

第八，做笔记。如果有必要，要尽量用笔记下对方的话。这样不仅有助于倾听，而且还可以达到取悦对方的目的。

善于倾听是管理者应具有的一种优秀的品质，是沟通的一种境界。美国企业家玛丽·凯曾说：“不善于倾听不同的意见，是领导者最大的错误。”因此对于领导者来说，善于倾听员工的意见，是卓越领导力的直接表现。倾听在管理中非常重要，当员工知道领导是一个能够听取意见的人，而不是一个高高在上的管理者时，他们会毫不避讳地说出自己内心的真实想法，提出建议。这样一来，领导者就能更轻松、顺畅地解决管理中的问题。

6. 最强沟通术：影响你一生的哈佛沟通课

对于很多领导者来说，如何与员工进行有效的沟通是件很头疼的事情。由于角色排斥的心理，领导者想要传达的信息往往不能被员工欣然接受。所以要做好管理，首先需要打开员工的心门，进入对方的思想。思想一致才能行动统一，才能创造好的业绩。

最优秀的领导者往往是“心灵和灵魂的引导者”。人们认可你，不是因为你的地位，而是你的沟通。德国思想家、哲学家康德曾经说过：“世界上有两种东西最能震撼人心，一种是人们心中崇高的道德标准，一种是人们头顶上的灿烂星空。”日常生活中的一切活动都是心中道德标准的外化，那么如何用心中的道德标准去打动周围的人？你需要一把打开心门的钥匙，而故事正是人们心灵相通的万能钥匙。故事是一种传播思想的重要途径，很多知识都是因为故事才得以传承下来。故事更容易被记住，更容易相传。领导力与变革大师约翰·科特表示：“故事长驻大脑，所以带来改变，或者说有机会影响行为。”

因此，优秀的领导者应该把讲故事当成一种得力的管理工具。

毕业于肯尼迪政府学院的鲍勃·霍尔登毫无疑问是一个擅长讲故事的人。听过他演讲的人都会被他的言辞深深吸引，他说自己的事情好像是在讲别人的故事，他充满故事性的演讲耐人回味。如果你留心就会发现，但凡那些出色的演讲家，他们演讲的内容，一般都有三个特点：一是有故事性、趣味性；二是短小精练；三是有例子，不空洞枯燥。故事可以吸引人的注意力，使人的心灵平静下来，而且故事比道理要生动有色，所以很容易让人深信不疑。

林肯在做律师时，曾经为一名军人的遗孀做辩护，为了博得信任与同情，他编了一个故事：一名军人在战场上浴血奋战……后来他牺牲了，他的妻子生活艰难，房子没钱维修，雨天漏水无处可睡。她没有粮食，食不果腹，受人欺负，只是因为她失去了为国捐躯的丈夫……而现在这位烈士的妻子就站在我们的面前。法庭上的人听后无不被感染，纷纷责骂另一方，林肯一方毫无悬念地获胜。

美国人力资源部军官特里巴斯上校，曾经负责安排一支即将到阿富汗参加战争的4000人部队作战部署问题。他与指挥官关于如何带兵打仗的问题进行沟通，并成立了一个领导力项目，主要是运用故事帮助将要参加战争的70名指挥官做应对战争的准备。特里巴斯和他的同事要求士兵对即将开始的战争部署进行提问。他们将搜集到的所有问题交给曾在阿富汗服役的100名军官。这些军官有超过一半在回答问题时用到小故事。特里巴斯从这些故事中提取了主题，并编写成书，分发给将要参战的70名指挥官。为了强化主要内容，特里巴斯请几名在回复中运用故事的军官给70名指挥官讲述各自在阿富汗的故事。让老指挥官讲故事，并挑选出其中最有意义的部分，让新的指挥官通过故事了解阿富汗的形势，这种沟通方式不仅令人印象深刻，而且士兵们更乐于接受。

无论是企业品牌建设还是与员工进行沟通，讲故事是很有效的沟通方式。善于沟通的人深谙讲故事的玄妙。很多企业领袖在对员工、客户演讲时往往都会采用讲故事的方式。当然，讲故事并不是单纯地博取大家好感，故事蕴藏深刻含义。美国讲故事联合会这样定义故事："故事是沟通的一种方式，它包含的很多感性内容使人们为之心动，理解它，并从中领悟出新的意义。"

一家企业的经理在培训新参加工作的员工时，讲了这样一个故事：一天，佛陀与自己的侍者一起远行，他们路过了一个树林。这天，天气酷热，而且正是中午，佛陀感到口渴，于是就对侍者说："我现在口很干，之前我们曾经路过一条小溪，你去帮我盛一些水。"于是，侍者便回去寻找那条小溪。但是那条小溪太小了，刚刚有马车经过，溪水被弄得污浊不堪，根本无法喝。于是，侍者便赶回去对佛陀说："因为刚刚有马车经过，小溪的水已经脏得不能喝了。您让我往前走吧，我知道前面有一条河，离这里也很近。"佛陀说："不用，你还是去那条小溪吧！"侍者口里应允，但是心里却很不服气，他认为水那么浑浊，去了那里也是白跑一趟。他边走边想，但始终想不通。就在走了一半路的时候，他又回去问佛陀："您为什么要坚持让我去那里呢？"佛陀没有解释，笑着说："去吧！"侍者只好从命。当他再次走到那条小溪的时候，惊喜地发现溪水已经变得像原来那样清澈。因为经过一段时间后，泥沙不是被冲走就是已经沉淀了，自然变得清澈了。侍者开心地捧着水回去了，并叩谢佛陀说："您让我懂得了一个大道理，没有什么是永恒不变的。"

讲完这个故事后，这名经理对新员工说："生命中总会遇到不如意的事情。有时，生命的河流是污浊的，但并不是永远不变的，随着时间的推移，终将恢复清澈。由此可知，成功始于耐心，而失败源于急躁。在成败之间，我们每个人都要做到胜不骄，败不馁。”这名经理通过这么一个简短的故事，告诉那些刚工作的年轻人不要因为工作上的一时不顺而抱怨或者是灰心失意。而且他通过讲故事这种方式巧妙地告诉员工，领导下了命令，员工必须执行。

故事是沟通的桥梁，它使人们的心灵相互碰撞。通常，陌生人之间，以理论为基础的交流大多维持不了多久。说教形式的交流缺乏联想，表达不够充分；而故事则不同，故事会吸引人主动倾听，从而进行深层次地交流，这种交流比普通对话更能促进人们之间的关系。因此，领导者应该多花一点时间在非正式交流上，以使与员工之间的关系变得更为融洽。沟通中，领导必须认真思考应讲什么故事，讲故事的主要目，用沟通、分享的方式来增进彼此的感情。另外，领导讲故事必须要注意两方面：（1）细心谨慎。泄露私人问题是不必要的，否则可能会带来负面效应。（2）领导者需与员工建立彼此信任的关系，只有员工习惯思考时，领导者的故事才能被赋予力量。

7. 最佳的管理方式：站在平等角度上与下属沟通

在肯尼迪政府学院沟通管理课上，约翰·海格教授说："沟通是管理的缩影"。然而，很多领导者很难与下属做好沟通，这其中最根本的问题是什么呢？美国加利福尼亚大学对很多企业进行调查得出：管理者信息能够准确传达到下属不超过25%，而从下属到上级反馈的信息不到10%，而平等交流时信息传递有效性却能达到90%以上，这就是沟通位差效应。

平等交流的效果之所以那么好，主要因为沟通双方是以平等为基础的。有研究者尝试在一家企业内部建立一种平等沟通机制，结果发现在企业建立平等沟通机制后，企业领导者与员工之间的协调沟通能力增强，而且他们在对企业的价值观、经营理念理解上也迅速趋于一致。企业的上下级之间、各部门之间信息开始流动，工作能够更顺利地开展，而且信息在传递的过程中基本上不会被扭曲，能够有效地传递下去。所以，平等沟通是领导者进行管理的最好的方式。

沃尔玛公司在管理机制上一直很重视基层员工的意见与建议。沃尔玛公司内部鼓励员工积极谏言，无论何时何地，每一名员工都有权利发言，可以选择口头或者书面等任何形式与管理员甚至总裁进行直接沟通。公司常常安排时间讨论员工的意见，对于可行的建议，公司管理层会积极接受并应用于公司。在这种平等的沟通机制下，常常会有来自各地的基层员工跑到总部要求见公司创始人。创始人山姆·沃尔顿先生总是很热情地接待他们，并认真倾听他们的意见。如果员工是正确的，他会尽力去解决有关问题，他还要求公司的每个管理者都要认真对待每个员工意见，而不是表面敷衍。

沃尔玛公司在罗杰斯机场有 12 架飞机，是专门为地区经理准备的，目的就是为了让他们能够尽快地听取基层的声音。每个星期一的早上，地区经理都会乘坐飞机到自己所管辖的地区进行视察，视察经常进行到周四。在视察的过程中，经理大部分时间都是在与基层员工进行沟通，了解他们的状况，并听取他们对公司的意见，还会对提出有价值意见的员工实行奖励。在基层工作方面，沃尔玛公司做得很到位。山姆·沃尔顿认为，公司的领导应该是员工的公仆，领导与员工的关系应该是“倒金字塔”的关系，领导应该是基层，员工是中间的基石，而顾客则是最上层的。领导为员工服务，员工为顾客服务。只有让顾客满意，公司才能获得更多的利润，员工也才能得到更多的回报。而员工是与顾客直接接触的人，工作精神状态很重要。管理者的主要工作就是支持、关心、服务于员工，员工满意了才能更好地服务于顾客。

沃尔玛的每一位员工都佩戴工牌，上面除了名字，没有标注职位，包括最高总裁。公司所有员工之间不存在等级之分，见面都是直呼其名。这种机制使员工放下了心理包袱，营造了平等和谐的工作气氛。

沃尔顿还表示，员工就是“合伙人”。沃尔玛公司拥有全美最大的股东大会。每次开会，沃尔玛都要求尽可能多的基层员工参加，为的是让更多的员工了解公司的理念、制度、业绩等情况。会后，山姆·沃尔顿还会邀请会议成员（大约 2500 人）到自己的家中进行聚会。进餐中，沃尔顿与这些不同层次的员工聊天，大家畅所欲言。股东大会结束后，每个员工都会看到会议录像，公司刊物也会对会议进行翔实报道。对此，沃尔顿表示，他想要用这种平等沟通方式增进员工的团结，为共同的目标而努力！这种将员工作为合伙人的平等精神，使沃尔玛员工产生了主人翁精神，虽然沃尔玛员工的工资在行业内不是最高的，但是他们却工作得很顺心。

从沃尔玛的案例中可以看出，管理者与员工之间的平等沟通是很有效的管理方式。虽然双方处于管理与被管理状态，但是他们在地位上是平等的。在这样的沟通机制下，沃尔玛的领导者其实已经掌握了沟通的主动权，在执行上变得更为顺畅。平等的沟通方式可以让领导者与员工消除可能存在的心理障碍，如果领导者放下了高高在上的架子，员工也自然解除了畏惧领导者的心理障碍，双方自然就可以专注地为了共同的目标在各自的岗位上尽心尽力了。

事实证明，平等沟通机制让沃尔玛在管理上得心应手，游刃有余，公司也因此获得了丰厚的利润，成为世界上屈指可数的零售业跨国集团。因此，企业的领导者应该领会，平等才有沟通，平等才会产生真诚，平等才会提高效益。一个沟通管理出色的公司肯定是一个气氛和谐、业绩优秀的公司。在这样的氛围中，即使工作很累，员工也是快乐的，因为没有心理上的折磨，心情是顺畅的。

沟通的前提是尊重，要想与员工畅所欲言进行平等沟通，首先要尊重对方，认同对方，这样才能实现平等沟通。在平等沟通中，企业会实现“双赢”，领导者赢得了轻松、顺畅的管理环境，员工赢得了积极向上、不断进取的心态。因此，管理中，沟通要建立在领导者与员工平等的基础上，这样才能实现和谐，才能产生强大的凝聚力，才有坚实的奋斗基础。与员工进行平等沟通是优秀领导者的一种内功，内功深厚，才能产生更大的发展动力。

第六章

用人才战略点亮领导之路上的智慧之灯

——肯尼迪政府学院的人才管理课

1.关注下属心理健康，推动企业和谐发展

2.激励下属最有效的八大原则

3.落实的关键在于制度能否发挥作用

4.要满足各个层次雇员的需求

5.慎重对待人才的选拔和任用

6. “欲速则不达”——为什么速度快反而达不到目标

1. 关注下属心理健康，推动企业和谐发展

一个组织的形成和发展离不开组织成员的努力。组织成员是一个组织得以持续健康发展的有力保障。随着社会生活节奏的加快，越来越多的人因为压力增大而饱受困扰，因此产生了各种生理和心理上的问题。在一个组织当中，成员的身心健康出现问题，不只会影响到成员个人的日常生活和工作，也会影响到整个组织的竞争力。

组织成员的压力不仅来源于社会，还来自组织本身。激烈的市场竞争对企业提出了更高的要求，企业必然对员工提出更多更高的要求。员工为了适应新形势而不断给自己施加压力，从而在体力和精神上都出现严重透支的情况，导致出现各种问题。

员工由于压力过大而产生的焦虑、抑郁等问题，不只会影响到其个人日常的工作表现，还会影响其创造能力，影响整个团队的协作。继而会降低组织的工作效率，甚至会出现工作失误，最终影响到整个组织的有效运营和可持续发展。只有组织成员身体健康，心态积极，

组织才能够更加有效运转。因此，领导者在管理过程中不可忽视下属的身心健康。

领导者关注下属健康，要将下属的身心健康放到非常重要的位置上，要通过一系列的预防和诊治手段来保证和提高下属的健康水平。

第一，定期体检。定期体检要保证时间的合理性，时间间隔不能过长，这样才能保证及时发现员工的身体健康隐患；体检内容要尽量全面，对下属的身体进行全方位的检查，这样可以及时发现员工自身可能没有注意到的身体问题，以便早发现早治疗，使员工尽快康复；为下属组织的体检应该选择专业优质医疗机构，最大限度地确保体检结果的准确性和可靠性。

体检工作完成后，领导者应督促相关部门为员工建立健康档案，定期对他们的身体健康状况进行评估。

第二，为员工提供合理的情绪宣泄渠道。在组织内部为员工提供缓解压力的场所，比如设立休息室、游戏室、宣泄室等，使员工能够有效缓解紧张情绪，避免不良情绪积压而导致心理问题。

宝洁公司就非常注意解决员工的心理压力问题。为了保证员工的身心健康，公司专门设置了休息室，员工们随时可以到休息室坐一会儿，喝点东西，放松一下紧张的神经。为了提高员工的身体健康水平，宝洁公司特意配备了按摩室，按摩室内还有专业按摩师为员工提供服务。员工在工作的时候如果感觉疲倦，只需要支付少许费用便可以到按摩室享受舒适的按摩服务。

第三，弹性管理，比如弹性工作制等。这样一来，员工可以合理安排自己的时间。

宝洁公司上班时间非常有弹性。早上 7：30 到 10：30，员工任意选择上班时间。公司还在一些部门试行在家办公方案。员工在工作性质允许的条件下，每周可以自行选择一天在家里完成工作任务。这样既能够保证员工在工作间隙获得适当的休息，也能够解决员工生活上的一些问题，使得员工家庭事业两不误，从而解除员工的后顾之忧，降低了员工的心理压力。

第四，提倡健康积极的生活方式，鼓励员工进行身体锻炼，放松身心。比如，在组织内部设立健身房，配备健身设备，鼓励员工进行身体锻炼，组织以健身为目的的竞技活动。还可以为员工建立完善的休假制度和旅游补贴制度，使得员工能够通过休假、外出旅游等方式来放松身心，实现有效调整，从而确保员工达到身体和心灵的双重健康，能够以饱满、积极的心态投入工作。

第五，注意改善工作环境，消除工作环境中影响员工身心健康的因素。随着办公现代化的实现，人们在逐渐摆脱旧式办公的烦琐和笨重的同时，也面临着现代化办公设备带来的辐射、热能以及噪音等威胁。这种情况在办公室人员中间较为常见，很多办公室人员因为长期置身于不良的工作环境中而出现疲惫、劳损、记忆力减退等问题。要想使员工以健康的状态工作，就应该尽最大努力为员工营造舒适、健康的工作环境，减少工作环境对员工带来的消极影响。

第六，借助专业的心理工具实现对员工心理的管理。具体措施如下：

（1）借助心理测评工具对下属的工作优势等进行合理的评估，确保下属的能力、兴趣和他的工作岗位匹配。一方面是为了让下属充分发挥其优势，在其实现自我价值的同时获得高度的认同感和自豪感；另一方面为员工提供一个舒适的环境，从而保持一个良好的工作心态，减少因为对工作的不适应感而产生焦虑情绪。

（2）在组织内部设立心理辅导机构，为员工提供心理咨询和帮助。这样一来，员工就可以及时发现和解决自己的心理问题了。

沱牌为了解决员工的身心健康问题，特意在公司内部设立了沱牌兰草心理咨询中心。员工可以到咨询中心来疏解自己在工作和生活上的困惑。咨询中心工作人员帮助员工提高处理人际关系的能力，消除不良的情绪。咨询中心的服务对象除了公司员工，还包括他们的亲属及关联群体。一个人身心健康是和他周围的环境密切相关的，咨询中心将员工周边人群纳入服务对象，可以使该公司的员工及其亲属获得咨询中心的心理指导、培训，从而为员工建立一个良好的环境，降低员工的心理压力。

（3）培养员工处理心理压力和焦虑问题的能力。通过培训，提高员工管理自身压力和焦虑情绪的能力。一方面，领导者要引导下属积极面对生活和工作中的压力，正确看待自身的优势和缺点，以积极心态面对问题；另一方面，从技能方面指导员工正确处理问题以及管理情绪。通过提高员工自身应对压力、解决问题的能力，增强员工的心理健康水平。

2. 激励下属最有效的八大原则

约瑟夫·奈是肯尼迪政府学院的著名教授，他曾经说过，如果在激励员工的过程中，只单纯对员工采用物质激励的方法，而不结合相应的精神激励措施，那么这种激励只是害民政策；相反，只对员工进行精神上或者思想上的激励，没有相应的物质激励，这种激励无异于一种愚民政策。而领导者要想做到不害民、不愚民，就要做到将物质激励和精神激励两者结合起来。领导者要做到有效激励员工，就要遵守包括物质激励和精神激励相结合在内的八项原则：

（1）目标结合原则。目标结合原则是指领导者在激励下属时，要设立激励的目标，激励目标应建立在组织目标以及员工需求的基础上。

（2）物质激励和精神激励相结合原则。物质激励是领导者实施激励的基础，而精神激励是实现有效激励的根本。领导者在激励下属时应注重物质激励和精神激励的结合，在注重结合的基础上，逐步侧重到精神鼓励的层面上。

（3）引导性原则。领导者实施的激励措施只有转化为被激励下属的自觉意愿，才能使激励达到预期效果，这就需要充分发挥领导者的引导作用，使激励措施能够真正转化为下属积极工作的内在驱力。

（4）合理性原则。激励的合理性原则主要包括以下两个方面的内容：首先，激励的措施应在合理的限度之内，要根据所实现目标本身的价值大小以及企业和员工的实际情况来制定激励措施；其次，激励措施应体现公平和公正。

（5）明确性原则。激励的明确性原则有三个方面的含义：第一，明确激励的目的以及达成措施；第二，激励措施要公开，尤其是在分配奖金等关系到众多员工利益的问题上，激励制度的公开显得更为重要；第三，激励措施应具有直观性。直观性是指领导者在运用物质激励或者精神激励手段时，应直观地将激励指标、奖惩方式等展现出来。直观性越强，激励措施越容易对激励对象产生影响。

（6）时效性原则。激励要把握适当的时机。及时的激励会推动激励的效果达到最佳，从而使员工最大限度地提高工作热情，激发自身潜能。而如果激励错过了时机，则会使预期目标落空。

（7）正激励和负激励相结合的原则。正激励是指对员工做出的对实现组织目标有着积极作用的行为进行奖励，负激励则是对员工做出的违背组织目标，阻碍组织发展的行为进行惩罚。正负激励会对当事人以及周围其他人起到鼓励或者警示的作用，因此，领导者激励下属时遵循正负激励相结合的原则是非常必要的，激励产生的结果也是非常有效的。

（8）按需激励的原则。领导者采用激励措施的出发点是要满足员工的需要。但员工的需要受到个体、时间等因素的影响而具有差异性，只有满足了员工最为迫切的需求，才可以使得激励的作用充分发挥出来。因此，领导者在制定激励措施之前，要深入地了解员工的实际情况，根据员工需要层次以及需要结构之间的变化趋势，有针对性地制定激励方案，从而最大限度地发挥激励的效用。

3. 落实的关键在于制度能否发挥作用

美国佛罗里达州的一家矿石熔炼公司获得一个消息——他们的老顾客要生产一套新开发出来的一种矿石熔炼的设备。由于这是一笔很大的生意，而这家公司也知道另外一家很有实力的公司也在关注。为了能够争取到这笔订单，维护住这个老顾客，公司调用了全部研发人员，公司领导也紧盯这个项目。结果，与另外一家公司的设备相比，这家公司的设备却发生了熔炼不充分的情况。如此一来，他们自然失去了这笔订单。

后来，公司通过调查得知，原来是设备中的一个螺丝钉松动了。就这样，一笔即将到手的订单就这么飞了，而且公司与老顾客的关系因此受到了很大的损害。虽然公司最后对那个技术人员做出了辞退的处理，但是已经造成的损失却是无法挽回的。可以说，公司前期工作非常到位，但是因为小小的疏忽，导致他们不仅失去了一个大的订单，还丢失了一个长期合作的客户。

这家企业之所以败在如此一个小细节上，就是因为企业的规章制度不够严格。

在大卫·艾尔伍德看来，规章制度并不是孤立存在的，它存在于企业文化这个大的范畴内。在实施的过程中，它要与其他系统互相促进，和谐共处。此外，一旦制度颁布下来，就要坚定地落实下去。如果有规章制度，却无人遵循，制度就如同虚设，那么又何谈企业文化呢？

大卫·艾尔伍德在对企业的管理者进行培训时经常说："只有对客观情况和问题进行调查和分析后，制定出的制度才是有意义的。如果只有一些不切实际的表面文章，与实际情况严重背离，即使条文再华丽、再冠冕堂皇也只是一张废纸。"现实中，不少管理者只注重理论和表面功夫，他们制定出的制度脱离实际，甚至可以说是有些荒唐的，以至于经常成为员工们私下的笑资。比如，一个公司在公司制度上明文规定，所有公司员工必须要阅读公司出版的厂报，没有读的员工就要罚款。首先，员工读没读，怎么知道？怎么衡量？根本不具备可行性。其次，如果报纸本身缺乏内容、没有吸引力谁愿意看？如此硬性强制大家看，而不是出于员工的自愿，看了又有什么用？又怎能达到期望的效果呢？

制度的建立不能急于求成，它需要一个逐步建立的过程。制度建立之初，首先要从企业当前最为重要的问题和迫切需要解决的问题入手。制度的建立不可能一步到位，因为制度需要一个不断完善的过程，而员工也需要一个逐渐适应的过程。刚开始制定制度时，制度的条款不要太多，否则无法突出当前工作的重点，不容易引起员工的足够重视。面面俱到，往往什么都做不到，所以制度可以简单一点、基础一点，突出重点，再根据实际工作中出现的问题和落实制度中出现的问题，逐步完善制度，最终使制度成为合理的、科学的、适合企业长远发展的制度。

一套合理科学的制度，内容必须紧紧围绕着企业文化，只有这样才能引导全体员工树立正确的价值观和团队精神，从而推动企业全方位发展。如果制度阻碍和窒息了企业员工的创造性和主动性，调动不起员工的工作热情，也不能使员工的能力得到最大程度的施展，那么，它就不是合理的制度。

在规章制度的建设中，制度得以有效地落实是至关重要的。有了好的制度，却无法落实，就如同没有制度一样。而要想使制度得到有效落实，只有惩处制度，没有激励机制是不行的——奖励机制是引导员工落实行为的主要动力。可以说，要想使员工自主自发、积极努力地工作，就必须对那些重视落实、具有较强落实力的员工，给予物质和精神上的奖励——只有这样才能激发广大员工的工作热情。

对于那些为企业做出贡献或平时工作中表现突出的员工，企业应给予相应的物质和精神奖励；而对于违反规定的员工也应该严惩不贷。如果企业的制度做不到奖惩分明，就会使员工产生消极懈怠心理，从而影响企业的正常发展。

法国西北部城市弗拉芒维尔有一家企业，内部管理非常混乱。虽然这家企业的规章制度很多，但就是没有人遵守。后来，一位新上任的总经理决心彻底解决企业制度落实不下去的顽症。于是，他决定先从迟到早退现象下手。虽然制度上有处罚规定，但由于几乎人人迟到、早退，员工就产生了法不责众的心理，越加有恃无恐、变本加厉。对此，之前的领导只能睁一只眼闭一只眼。新上任的总经理经过多方面的研究调查后，向大家宣布了一条新规定：在所有迟到、早退的人中，他只会惩罚最晚上岗和最早离岗的那个人。之后只要有三次迟到和早退的记录，其全年的奖金就会取消。

由于制定的制度有严格的规定，并得到贯彻落实，所以一个星期后，迟到、早退的现象再也不见踪迹了。这位经理用同样的方法让企业的制度越来越完善，并落实得很到位。企业员工的积极性因此被调动了起来，企业得到了稳步长足的发展。

可以说，落实不到位是许多企业普遍存在的问题。许多企业只将落实放在了会议上、文件里，却没有把落实融入日常工作中。要知道，好的规章制度，是落实的保证；而再好的制度只有通过有效落实和执行，才能发挥出它应有的作用。

在大卫·艾尔伍德看来，抓落实是一个管理者综合能力的体现，它是增强企业活力、激发员工动力、凝聚上下核心力的一个过程。如果一个企业制定的制度没有得到很好的落实，这与领导者抓落实能力不强有很大的关系。在落实工作的过程中，领导者必须善于发现问题，解决问题，在实践中提高自己抓落实的能力。而在现实工作中，领导者经常会出现或多或少的问题，严重影响了制度落实工作。总结起来，主要有五大问题。领导者只有克服了这些问题，才能真正意义上抓好落实工作。一是不亲力亲为，将落实层层转包；二是不深入研究学习，抓落实只是一味地模仿、复制；三是不能够坚决彻底地抓落实工作，往往虎头蛇尾；四是害怕困难，对于落实工作没有迎难而上的决心；五是能力不足，抓落实工作心有余而力不足。可以说，企业领导只有努力克服了这五个落实中常见的问题，才能使制度落实工作顺利进行。

可以说，在企业这个集体里，员工每时每刻都在盯着领导的一举一动。如果领导对制度潦草懈怠，员工们也会跟着效仿。作为一个领导者，只有事事严格要求自己，起良好的表率作用，才能影响到下属，让下属自觉自发地落实公司的制度和方针，从而增强企业的凝聚力和竞争力。

4. 要满足各个层次雇员的需求

许多管理者常常抱怨，企业为员工提供了高于同行业的工资和奖金，但他们的工作表现与企业的付出并不相称。在这些管理者眼中，员工的工作努力程度应当与企业给予他们的薪酬一致，如果企业给予的薪酬高于其他企业，那员工们就应当做出比同行更优异的成绩，显然这种想法过于简单而失之偏颇。

物质刺激毕竟有其局限性，有时候相对于物质需求，员工的精神需求显得更重要，尤其是当其工资水平达到了一定阶段的时候。每个人都希望得到他人的尊重和认可，希望受到他人的重视，希望获得成就感，在成就感中体会价值。这是人的基本心理需求，当这种需求得到满足时，人就会得到激励，会付出更大的精力把事情做好。员工渴望得到认可和重视、渴望获得成就感和价值感的动机会引导他们做出更大的成绩，获得更多的这种心理满足。

正因为如此，许多著名企业努力培养这种能满足员工心理需求的企业文化。如摩托罗拉公司将尊重每一位员工放在重要的位置。企业所施行的每一项措施都不能与此原则相违背，企业的管理者非常注意自己的言行，避免哪怕是不经意间对员工的不尊重。员工在这种文化氛围中感受到了公司对自己的重视和认可，这让他们对公司更忠诚、更信任，因而愿意为公司的发展做出更大的贡献。摩托罗拉核心员工的流失率非常低，这为企业的持续发展提供了人才保障。摩托罗拉之所以能在激烈的通信市场竞争中保持自己的品牌地位，与其对待员工的这种态度是分不开的。尊重每一位员工，让员工的心理得到满足和放松，因而他们的精神状态显得更积极、更富进取精神。在这种心态下工作，自然能把更多精力集中到做好工作上，员工有了干事业的心态，自然能做得更好。

摩托罗拉的例子说明满足员工精神需求的意义十分重大。心理学告诉我们，每个人行为的背后都有其动机，这也是为什么满足了人的某种心理需求就能有效地激励其行为的原因。

让员工感到自己很重要，是管理者激励员工的一种有效方式。人需要受到重视和认可的心理需求如此强烈，因而，当管理者让员工感到自己的重要性时，员工就会做出管理者期望的行为。对于管理者而言，做到这点并不难。管理者真诚地对员工表示关心，真诚地对员工表达慰勉，就能激励员工更努力地工作。管理者应明白员工的一个心理：每一个员工都希望自己工作得到别人的肯定，希望领导者肯定他为企业发展所做出的努力和贡献，这让他感到企业的成就有他的一份功劳，因而感受到自己每天工作的价值，感受到自己存在的价值。但很多管理者非常吝惜自己的感谢和赞扬，有些管理者认为，员工所做的工作是应该的，没有什么好感谢的。这显然是错误的，不合适的。

美国电影协会的前领袖杰克·瓦伦蒂是一位非常杰出的领导者，

在他的领导下，美国电影协会争取到了一个又一个有利的公共政策。美国电影协会代表的是主流电影公司的经济和政治利益，该协会的领导不仅要处理好会员，也就是各傲慢自大的电影公司的头头脑脑们的关系，保持内部的团结一致，而且要处理好与国会议员们之间的关系，以帮助电影行业争取到更有利的政策。可以说这个职位很不好做，但杰克·瓦伦蒂却完美地处理好了各方面的关系，并在电影的分级制度、审查制度以及保护电影的数字内容免受盗版所害等方面为美国电影行业争取到了非常有利的政策，这使他被媒体戏称为“公共政策妖怪”。杰克·瓦伦蒂是如何做到这一点的呢？这源于他对人性的洞察，对人的心理需求的满足。

瓦伦蒂相信，自己接触的每一个人，都有尊严，都值得敬重。他也一直都是这样做的。瓦伦蒂待人非常有礼貌，更为关键的是，无论是对待国会议员，还是普通人，他都能做到彬彬有礼，这成了他的一贯作风，认识他的人都会被他的这种风范所吸引。瓦伦蒂的这一做法总让跟他在一起的人感到很愉快，他们感受到了一种鲜有的受重视的感觉，自然增加了对眼前这个人的好感，因而，瓦伦蒂总能很快和别人达成一致意见。在瓦伦蒂看来，只要处理得当，一次短暂的接触，就可能让第一次见面的人与你结成终身的盟友。因而，虽然时间有限，但瓦伦蒂总能抓住短暂的机会，与别人建立起亲切而充满信任的关系，这让他的交际圈迅速扩大，并为自己赢得了好名声。显然，他在人们心目中留下的良好印象帮助他更好地达到了自己的目的。

瓦伦蒂的做法让我们看到了满足他人心理的威力。在管理中，管理者要格外重视每位员工的心理需求，并想方设法地满足他们。要让他们感到自己很重要，管理者要善于将企业的重任托付给员工，要在每次任务完成后对员工表示真诚的感谢，要将企业的成就更多地归因于员工们的辛勤劳动，要对员工的每一次进步进行赞扬。要尊重员工，以始终如一的礼节对待员工，注意与员工的说话方式等，这些举措都能让员工感到自己很重要。当他们有这种感觉时，会强烈地感受到自己的价值，愿意做出更好的表现以获得持续的肯定。

除了让员工感受到自己很重要以外，管理者还要善于为员工营造有安全感的环境。环境影响人的心态，工作环境将直接影响员工的工作心态，员工在不同的心态下工作显然会有不同的工作表现。因而，为员工营造良好的环境可以起到激励员工的作用。

在一个有安全感的环境中工作，这会让员工感到更轻松、更自在，能将更多的注意力投入到工作中去。有安全感的环境就像一个避风港，能有效排除各种不利因素对员工的影响，有效减轻员工在工作中面对的压力。过大的压力会让人疲惫不堪，难以有效集中精力，甚至不能保持正常的工作状态，不利于发挥员工的潜力，不利于员工提高工作水平；而有安全感的环境可以有效消除员工心理上的负担，使员工的注意力从其他方面转移到工作上来，这为提高工作效率创造了有利的条件。

管理者可以通过以下措施来营造有安全感的环境。

首先，要保证沟通渠道的顺畅。员工的压力很大一部分来自于上级，很多员工害怕工作得不到上级的认可，整日惴惴不安。保证顺畅的沟通渠道可以让管理者与员工及时沟通，可以让员工了解管理者的期望，了解管理者对自己工作的要求，帮助员工更好地认识目前工作有哪些不足，应如何改进等。当员工清楚地了解上级的要求和标准，工作就有了目标和方向。同时沟通还能拉近员工与上级之间的心理距离，减少各种猜忌和隔阂，这些都有助于安抚员工，让员工有一个正确的平和的心态。

其次，要给予下属必要的支持与协助。员工经常在工作中遇到各种各样的问题，有些问题需要外部的支持才能顺利解决。但员工担心主动求助会让上级和同事认为自己的能力有限，在此心理影响下，碰到问题不轻易求助。因而，管理者主动了解员工在工作中遇到了哪些问题就显得很有必要，给予支持和协助。同时，在协助员工解决问题时，管理者应有意栽培，教会他们解决问题的方法，这样碰到同样的问题时员工就可以自己解决了。此外，管理者应主动帮助员工提高能力，增强他们的信心，这有助于改善员工的心态，让员工对自己的工作充满信心。

再次，管理者应设法减轻员工的工作压力。压力对员工的影响很大，适当的压力可以激发员工的潜能，提高员工的各项工作能力；而压力过大则会起负面影响，管理者要及时减轻员工的压力。许多能力不是一下子就能达到的，员工的成长需要磨炼和时间。当员工无法适应工作或应对新挑战时，往往会有较大的工作压力。这时管理者应当适度地减轻员工的工作任务，降低工作要求，并及时给予鼓励和培训，帮助员工尽快成长。适度地降低要求是帮助员工应对压力以及快速成长的重要措施，只有采取松紧结合的工作安排，才能为员工提供一个良好的工作环境，帮助员工摆正心态。

第四，给予员工人性化待遇。员工长期重复某种工作时，会出现心理和身体上的双重疲劳。为减轻这种疲劳，帮助员工恢复活力，管理者应当积极为员工创造条件。如为员工安排合理的休息时间，有计划地进行岗位互换，为员工提供补助餐等。这些都有助于减轻工作疲劳，大幅提高员工的工作效率。

第五，给予员工自主安排工作的自由。员工自主工作，一方面可以使其更好地适应工作，另一方面给予了员工发挥创造力的空间。一些管理者自认为自己制定的工作流程、工作方式就是最好的，不容许员工有丝毫的违背，事实上这不利于员工提高工作效率。原因在于员工往往比管理者更了解自己的工作，他们可以想出更有效的改进工作的方法。所以，如果限定得过死，不利于员工的创新精神的发挥；给予员工足够的自由度，有利于拓展提高效率的思路。一方面减轻了员工的劳动负担，另一方面也提高了企业的生产效率，管理者何乐而不为呢?

赋予做出成绩的员工以荣誉，也是一种有效激励员工的方式。员工对自身的表现也很在意，希望受到赞誉，希望得到社会和集体的认可和肯定。赋予员工荣誉，能让员工的心理需求得到极大满足，进而释放出巨大的工作动力。管理者应该适时地给予那些做出工作业绩的员工以奖励，这种奖励可以是荣誉上的，旨在满足员工渴望得到他人认可和肯定的强烈心愿。

在美国的一家高级餐厅里，餐厅管理者为激励员工向客户提供优质服务而做出一项重要举措，每位在客户服务方面取得出色业绩的员工，都将在季度总结大会上得到餐厅高级管理者的表彰，管理者会亲自为她们戴上一枚精致的胸针，鼓励她们继续保持服务质量。与此同时，管理者还会邀请该员工的家属到餐厅免费享用家庭晚餐，届时，餐厅的管理者会亲自为他们提供用餐服务，这让每位获得表彰的员工受宠若惊。每位得此殊荣的员工，不仅得到了餐厅全体成员的赞誉，而且还让自己的家人感到自豪。越来越多的员工成了受表彰者，这让餐厅的顾客满意率大幅提升，现在，餐厅早已是顾客盈门。

餐厅管理者别出心裁的赞誉方式极大地满足了员工渴望社会认可和肯定的心理需求，并且还拉近了餐厅与员工家人之间的关系，因而让员工倍感亲切。提供优质的客户服务成了每位员工的自觉行为，她们把对家人的爱，把对餐厅的感激都融入到了优质的客户服务中。

荣誉代表着认可与肯定，企业应该适时给予那些做出工作成绩的员工以荣誉，这份荣誉也表达了管理者对员工的敬重和感激。将员工的工作努力与企业的成就紧紧连在一起，让员工分享企业的成功，这能提升员工的自我感觉，帮助员工改善对工作的态度。让员工认识到，工作不仅能带来物质报酬，还能得到精神回报，自己可以从工作中感受到满足和愉悦，感受到自我价值，收获别人认可和肯定。

5. 慎重对待人才的选拔和任用

慎重对待人才的选拔和任用是成功企业的一大法宝。通用电气前总裁斯隆花了很长时间和精力来选择自己的接班人。他不厌其烦地让候选人接受著名的机舱测试，聘用专业的人才测评公司来帮助他做决策。功夫不负有心人，最终他挑选的接班人将通用电气推向了一个辉煌的顶点，这个人就是韦尔奇。

肯尼迪政府学院人才战略研究中心一份研究表明不胜任对组织的危害，要求所有的企业领导者在对待人才选拔的标准、程序及人才的使用上要慎之又慎。

在选拔员工尤其是选拔管理者时，常识告诉我们要做到能力和职位的匹配。现实中，我们很少见到能力刚好和职位相匹配的现象，我们经常看到的是能力低于职位要求或者能力高于职位要求。实际上，能力高于职位和能力低于职位都可以存在，只要运用得当，就是合理的。如果员工的能力高于职位要求，他会感觉到自己的潜力得不到有效挖掘，不能充分显示自己的才华，这限制了自己创造更大的业绩和价值，因而工作积极性会受挫。但这种情况对于一个年龄较大的人来说是合适的，因为年龄较大的人没有了争强好胜的心理，且其能力几乎失去弹性，处于不断衰减的状态。如果员工的能力刚好与职位要求相一致，那么员工基本胜任这一工作，但这种情况缺乏挑战性，不利于激发员工潜力。而中年人适合这种情形，因为中年人有求稳的心理，而且年富力强、堪当重任，同时能力上弹性相对较小。如果员工的能力小于职位要求，要分情况看待，差距过大显然不合适，而如果只有较小的差距，则可以考虑让有潜力的年轻人来担当此职。年轻人精力旺盛，求知欲强，进步很快。能力如果与职位略有差距，可以激发其斗志，而年轻人也多喜欢有挑战性的工作，这种情况有利于培养年轻人的才干。

肯尼迪政府学院人才战略研究中心的研究表明，不胜任的员工之所以得到晋升，在于晋升的标准和程序掺杂了过多上级的主观因素。同时，这一标准和程序还会受到组织内其他负面因素的影响，使被晋升者出现了不胜任的情形。

因事设岗要求我们根据企业生产经营的需要来设计职位。因而，评判一个人是否胜任，应看他是否能够顺利完成该职位上的职务，其业绩也应根据其所做事情的成效、对企业贡献的大小来界定。这就是说，职位设计的出发点要求管理者应当摒弃个人的主观因素，根据员工的实际业绩来考评其成绩，根据候选人的能力状况是否满足职位的要求来决定是否晋升。但现实中，因为上级的主观因素，导致许多企业出现了大量不胜任的职员和管理者。

现实中，管理者虽然知道应该根据能力和岗位的要求来选拔人才，但却常常陷入主观陷阱之中。在选拔的过程中，不能坚持正确的人才选拔标准和程序，而是以本人的好恶和亲疏来决定人选。这有两方面的原因，一是一个人的能力在其真正表现出来前很难判断。在提拔人员时，我们经常碰到的情况是，被提拔者之前从来没有做过类似的工作，也不知道自己的能力是否胜任这一工作，这就给上级出了一道难题，同时也为选拔过程掺杂过多主观因素创造了条件。二是上层管理者还有动机修改选拔人才的客观标准。由于人性的弱点，管理者倾向于提拔那些认同自身权威，对自己较顺从的下属。提拔这样的员工，一方面可以讨自己的欢心，另外还可加强自身的地位和权威。在大型组织中，这点表现得尤为突出。因为组织越大，一个人的实际绩效和能力水平越难得到及时、准确地评估，因而，谁都难以看出管理者提拔的是一个不称职的人，这给管理者提供了这样做的有利条件。同时，大型组织一般面临的外部竞争压力较小，而内部权力争夺较激烈，这就使管理者有更多的动机巩固自身的地位，进一步纵容了主观因素对选拔程序和标准的负面影响。

一个不胜任的管理者会如何影响组织内的选拔程序和标准呢？有三种选择，一是主动提出辞职，让位给能干的人；二是提拔一个比自己能干的人当下属，协助自己做好工作；三是提拔两个比自己更差的人当下属。通常，这位不胜任的管理者会选择第三个方法。选择第一个方法的可能性不大，因为权力能为自己带来物质和精神上的双重收获，面对如此大的诱惑，没人会轻易辞职。选择第二个方法，这位不胜任的管理者会担忧，一个比自己能干的人固然可以协助自己把工作做好，但他的才华和卓越表现会让自己相形见绌，会威胁到自己的地位和威信，这不会成为他的首要选择。如此组织机构开始恶性膨胀，同时效率不断下降，官僚之风越演越烈。这正是管理学中著名的帕金森定律，帕金森定律告诉我们，在一个组织中，管理者是决定提拔谁的主要决策人，人才选拔的程序和标准完全掌握在他们手里。如果一个组织对待晋升非常草率，那么在选拔人才的具体过程中，就会掺进许多上级的主观因素。结果就导致组织内的不胜任现象越来越普遍。

肯尼迪政府学院人才战略研究中心在解释组织膨胀和普遍的不胜任现象方面与帕金森定律存在截然不同的看法。根据劳伦斯·彼得的看法，组织机构的臃肿和膨胀以及普遍的不胜任现象并不像帕金森定律所指出的那样，是不胜任的上级通过降低组织效率借此巩固自身权威。正好相反，由于组织内部普遍的不胜任，组织的上层领导者为了提高组织效率，又不能开除不胜任的各级成员，只好通过补充外部人员来提高组织的效率。劳伦斯·彼得给出这样的理由：第一，不胜任的管理者根本没有能力制定任何有效的方案来分化、瓦解组织以巩固自身权威。第二，帕金森定律所描述的现象——冗员和生产效率低下，是和高层管理者的真正利益背道而驰的。他认为，效率低下势必导致企业破产，导致政府机构受到责难，这些都将最终损害到高层管理者的根本利益，所以，很难想象他们会做出故意伤害自己的事情。第三，出于降低效率而增加员工会增加企业成本，企业花在员工身上的钱越多，高管们分到的红利就越少，因而，如果一个企业雇佣 100 人就能使组织有效运转，就绝不会雇佣 120 人。

虽然肯尼迪政府学院人才战略研究中心和帕金森定律在解释组织膨胀和普遍的不胜任的原因方面存在着矛盾，但它们都指出，高层管理者的个人主观认识和偏好会严重干扰人才选拔的客观标准和程序，最终使组织内部的不胜任现象越来越普遍，在客观上起到拖累组织的后果。

此外，组织内的其他因素也会影响人才选拔的标准和程序。肯尼迪政府学院人才战略研究中心的研究指出，层级组织中的员工并不是真的反对不胜任，他们批评不胜任，只是为了掩盖自己对被提拔者的嫉妒心，这里的提拔是指依靠裙带关系而获得的晋升。这说明，组织成员的期望和价值观等也会影响到人才选拔的标准和程序，如果一个人与大家都合得来，人们往往期望他能够晋升，而非那些对工作要求严格的员工。成员的普遍期望是上级在处理晋升时不得不考虑的一个因素，因为如果被提拔者更能得到下属的认可，显然更有利于他获取权威以及在今后开展工作，但被下属认可的人未必就能在新的职位上把工作做好。

影响组织内部人才选拔标准和程序的因素还有很多，不同的因素会对此有不同的影响，或正面或负面，这就提醒企业管理者，在提拔员工时要尽可能意识到哪些因素正在影响自己做出正确决断。如果你能做到这点，那么你就更可能在处理此类事情时坚持客观、公正的标准和程序，你所做的人事决策就更正确，就更少在人事方面犯错误。要知道，人事是企业管理的核心工作，因而，无论一个高层管理者在这方面下多大功夫、费多少时间都不为过，因为错位的人事决策将给组织带来灾难性的影响，而且很难纠正。

慎重对待任命和晋升，评价候选人的标准是职位要求，应与候选人曾经的上司和同事讨论，确保任命人了解新职位（新职位意味着新要求、新行为、新焦点、新关系）。

6. “欲速则不达”——为什么速度快反而达不到目标

随着信息技术的发展，空间距离在不断缩小：前一分钟在美国发生了校园爆炸事件，后一分钟就已经在大洋彼岸的中国传得沸沸扬扬；身在巴西的商人，一个电话就能知道中东石油的价格；那些分布在全球不同国家的跨国集团管理者，通过电脑视频就可以在总部召开的会议上各抒己见……对于现代人来说，空间已经不再是人们进行沟通或者完成各项任务的主要障碍。与此同时，人们对时间的要求却有增无减，人们需要提高工作的效率，来为自己赢得更多工作的时间，与家人团聚的时间，与朋友交流的时间等。

人们为提高工作效率而绞尽脑汁。在科技高速发展的今天，人们收获了更多的便捷方式。

为了能够让别人随时联系到自己，人们让网络保持畅通，手机一直处于开机状态。在这个网络时代，人们想要躲到一处没人找到的地方，还真是不容易。

在肯尼迪政府学院EMBA课堂上，克里斯托弗·马奎斯教授正滔滔不绝地向来自世界各地的优秀学员传授着管理知识，突然，一阵手机铃声打断了他的演讲。机主是来自法国巴黎电信部门的经理普恩加莱。他尴尬地拿起电话，走出了课堂。下课之后，普恩加莱找到马奎斯教授，向教授道完歉后抱怨道，身为一名政府高级管理人员，无论什么时候他都不敢将手机关机。因为他可能随时都要参加视频会议，就连在电梯里或者在餐厅排队等午餐的时候，他也不能像普通公务员一样和同事闲聊，而必须要回复一大串电话留言。

第二次上课的时候，马奎斯教授让学生们针对“是不是做事速度越快就越好”这个话题展开讨论。演讲中，马奎斯教授列举了生活中诸多求快的行为，比如，在超市结账的时候，人们为了比较哪条队伍最短，哪个人买的东西较少而在几条结账队伍之间张望；上下班的时候，为了尽快到达目的地而左冲右突，丝毫不考虑危险。在很多人眼中，快已经成为最重要的办事原则！吃饭要快，走路要快，说话要快，就连排队买午餐，人们也要抢占先机。

教授话音刚落，学生们展开了热烈的讨论。有的说当然是越快越好，有些则提出了相反的意见，有些人则提出，要保持适当的节奏，当快则快，但不可盲目追求效率……

教授没有具体评论学生们的观点，总结说道，事实上，制造忙乱的，不是各种亟待解决的任务，而是你们自己。大家都是各自领域的精英，为了提高个人业绩，提高盈利水平，你们从未满足过现有的速度和工作效率，而是不断要求加快节奏，甚至能从高度紧张的状态中获得快感。由于人们要求提高速度，导致情绪变得越来越浮躁。很多人将问题归咎于时间，埋怨时间紧迫。但真正的罪魁祸首，其实是人们对速度的过分追求，让速度控制了人们的生活，使人们难以从忙乱的状态中解脱出来。

教授解释说，无论人们的速度是快还是慢，速度本身是没有什么错的，错的是一种以速度快慢作为衡量一切标准。按照这种逻辑，高速度就意味着胜利；而速度慢，则意味着功败垂成。持有这种观念的人，为了追求所谓的快节奏，每天24小时保持高度紧张状态，力求以最快的速度结束所有需要解决的事情。殊不知，这种对速度的盲目追求，导致了他们的浮躁情绪。

一旦养成了追求高速率的习惯，人们就容易迷失于毫无间隙的忙碌之中，失去理智的判断。为了准时甚至提前完成任务，他们总是疲于奔命。慢慢地，就会产生力不从心之感，而工作，也因为盲目追求效率而出现各种纰漏。只有在这个时候，人们才能意识到，放慢速度，可能并不是一件很坏的事情；盲目追求速度，也不总会带来好的结果。

过于紧凑的时间安排，给人们带来的心理压力是非常大的。人们往往被接踵而至的各种琐碎事务搅得一塌糊涂，常常将最应该去做的事情忘得一干二净。

那么，怎样才能断定我们的时间管理是不是“速度至上”呢？教授给了一种判断方法，在下面给出的20项工作或者生活状态的描述中，如果描述基本符合自身实际，则记为2分；如果情况有时符合自身实际，则记为1分；如果描述内容完全不符合自身状态，则记为0分。

（1）总是处于紧张状态，感受到时间方面的压力。

（2）有经常看表的习惯，如果不知道时间，就有无所适从的感觉。

（3）总是一心多用。

（4）对于制订的日计划，几乎没有一次能够完成。

（5）经常将未完成的工作带回家去做。

（6）周末或者是假日也会保持与领导的联系。

（7）有经常催促周围人加快速度的习惯。

（8）在与人交谈时，会打断他人，或者抢别人话头。

（9）工作时全身心投入，不允许自己定时休息或者放松一下。

（10）开车速度飞快，而且有使用超车道的习惯。

（11）和别人一起用餐时，几乎总是第一个吃完的那个人。

（12）在同事准备下班回家时，手头仍然有很多工作要做。

（13）除了工作，几乎抽不出精力做其他事情。

（14）下班之后，总是在头脑中想着尚未处理完的工作。

（15）处于等待状态时，总是容易变得急躁和不耐烦。

（16）总是担心自己无法胜任所有的工作。

（17）为了完成自己承担责任的事务，常常到疲于奔命的地步。

（18）如果发现忘了将手表放在身上，就会产生紧张情绪。

（19）身体经常会产生不适。

（20）和亲戚朋友们几乎没有联系。

马奎斯教授指出，如果总得分在 18 分以下，则基本上可以排除这方面的顾虑，如果得分在 18 分之上，而不及时控制节奏，则有变成“速度狂”的危险。

马奎斯教授总结说，适当的追求速度可以提升工作效率。但如果盲目求快，将速度视为衡量事务成败的标准，则不但会因为一直处于紧张状态而感觉压力倍增，而且还会因为过于忙碌而导致错误百出。最终非但没有将完成时间缩短，反而因为后期对错误的处理而延长了工作的时间，甚至可能因某些错误而造成更为严重的后果。

第七章

协同作战才能激活下属责任心

——肯尼迪政府学院的团队管理课

1.领导者应该学会构建优秀团队

2.团队建设是一个伟大的创造

3.卓越的领导者不一定是能力最强的人

4. “求同存异”才能打造高效团队

5.领导者要有高效团队意识

1. 领导者应该学会构建优秀团队

随着社会发展，团队精神越来越重要。团队建设有助于企业更好地挖掘员工的潜力，从而为企业创造更多的利润。肯尼迪政府学院的研究员对《财富》榜上的500强进行调查后发现，有超过1/3的企业表示“团队合作”是企业的根本，而且所有的公司都有团队合作。可见，团队已经作为一种社会的组织形态，在企业中发挥关键性作用。

作为企业的领导者应该学会构建优秀的团队，这样才能形成一股强大的凝聚力。团队的形成首先要有明确的目标，领导者要使员工理解目标的意义与价值，将员工个人目标与团队目标结合起来。对于领导者来说，最重要的职责就是构建团队文化。一个有团队文化的团队才具有灵魂，才是一个真正的团队。一个有共同愿景、共同理念的体系才能称得上是团队，否则只能叫团伙。让企业有文化，让团队有灵魂，已经成为领导者的共识。但是，很多领导者却为如何构建团队文化感到苦恼。那么，企业领导者应该如何构建团队文化呢？

第一，要明确团队文化方向。构建团队文化首先要确定文化方向，即组织成员需要什么样的团队文化。是共同进步、相互激励的学习文化，还是称兄道弟的江湖文化？是重视效益的生意文化，还是重视成长的事业文化？只有文化方向确定后，团队才能朝着方向努力，通过培训、宣传逐步强化它，最后使团队文化深入到每一位成员的心里，这样的团队才具有活力与生命。

领导者在确定团队文化方向时要从长远考虑。要选择具有正能量的健康文化，拒绝消极文化。

第二，将文化注入团队。这是一个长期的过程，需要领导者坚定不移地推进，并采取针对性的措施。比如，要想构建创新型团队，领导者就要身体力行，带头创新研发；如果要构建注重品质的团队文化，管理者就要带头把关品质，对品质绝不妥协、退让，不能因为利益降低品质的要求。

文化的注入需要持之以恒；领导者更要为员工树立榜样，以身作则。领导者要组织有效的培训来指导员工正确认识团队文化，推进团队文化的传播。

第三，借鉴军队文化。凡是军队都有这样的共同点：纪律严明、团队荣誉、内部关系紧密、艰苦奋斗精神等。如果一个企业能够有这样的文化，那么团队的效率必然会得到很大提高。人人都知道军队战斗力很强，但是企业却很难模仿，为什么？首先是因为军队具有很强的独立性；其次是军队有严明的纪律，比如每天准时起床、操练，日复一日；再次是军队有超强体能训练，这些训练磨炼了士兵的意志力；最后是军队有很高的团队荣誉感，战士有很强荣誉感。

2. 团队建设是一个伟大的创造

肯尼迪政府学院的著名校友、国际货币与金融委会员主席尚达曼表示，优秀的领导者能够让团队中的每一位员工发挥出自己的能力，并使其齐心协力地为实现团队的目标奋斗。

每个人都需要精神力量的支持，同样企业想要生存发展也需要精神力量支持。企业的精神是由所有员工的精神聚成的，这就是团队精神。拥有了团队精神，企业才能得到强大的发展力量。

比尔·盖茨具有传奇色彩，他所取得的成就令世人赞叹，而他领导的团队也让人惊叹不已。微软推出 Windows 95 产品时，举行了一场规模宏大的市场推广活动，它整合了市场营销中的各个层面，包含媒体关系、名人效应、广告行销等。活动涉及全球，经费超过 2 亿美元。整个活动从新西兰首都惠灵顿开始，随后移至澳大利亚。其中最令人惊奇的是，微软在波兰宣传时，租了一个潜艇运载记者，目的就是为了告诉大家：如果没有 Windows，生活将会怎样？另外，微软在美国举办了一场 Windows 95 嘉年华会，这场嘉年华会通过互联网向全世界直播。当嘉年华举行到最后一刻，比尔·盖茨与著名电视主持人杰·雷诺一同亮相将活动推向高潮。这么大营销力度需要投入大量的人力、物力，需要一个团结、协调一致的团队。有超过 100 多家公司参加推广活动，几千人组成的团队共同参与。

领导想要构建一个优秀的团队，就要组织大家共同分享信息、观点与创意，以帮助每一位成员更好地发挥能力，为企业的目标贡献出自己的力量。

有一个童话故事很能说明问题。有一只兔子坐在山洞口打字，一只狐狸从这里路过，冲到它面前说："我要吃掉你！"兔子说："让我把论文写完后再吃我吧！"狐狸觉得非常奇怪，便问："你在写什么论文？"兔子不慌不忙地说："我在写《兔子为什么比狐狸强大》。"狐狸听完后哈哈大笑，说："你比我强大？我这会儿就能把你吃掉！"兔子一本正经地说："不信我来证明给你看！"狐狸被兔子领到山洞里，狐狸再也没能出来。兔子一会儿出来，又坐在那里继续打字，一只狼突然冒出来说："我要吃掉你！"兔子依然说道："等我把论文写完！"狼很纳闷："你能写什么论文？"兔子说："我在写《兔子为什么比狼强大》。"狼也不相信，兔子就把它带进洞里证明给它看，狼进去后也没有出来。过了一会儿，兔子与一头狮子一同走出了山洞，狮子打着饱嗝说："你今天干得不错，让我美餐了一顿。"

故事中的狮子与兔子就是一个团体，他们互相合作而达到了各自的目的。管理中，如果员工与领导都能像兔子与狮子那样相互配合，就能够更好地实现团队的目标。在兔子与狮子组成的团队中，狮子能够得到美餐，兔子能够得到庇护，两者都是团队中不可少的成员。

可以说，团队建设是一个伟大的创造，是发展的平台。拥有高效的团很重要。领导想要完成目标，没有员工的合作是不可能完成的。只有将员工凝聚成一个高效的团队，使成员之间互相帮助，取长补短，这样领导的工作才会更加顺利，前景才会更美好。

3. 卓越的领导者不一定是能力最强的人

不同领导者可能会用不同的标准来评估自己的领导能力，有的会关注自己的团队是否实现了团队的目标，有的注重员工中有多少人提高了能力、得到了晋升。很多领导用员工的表现来评估自己的能力，对员工施加很大的压力。其实，领导者在管理团队时，不应关注自己是否控制了员工，而应该考虑如何才能带好员工，关注如何才能发挥员工才能。

很多团队出现各种各样的问题，如没有积极性、人员流动、效率低下等。很多领导者试图用严格的制度来达到管理的目的，却很难达到预期效果。其实，这些问题产生的根本原因不是管理制度出现问题，而是领导者缺乏带领团队的能力。俗话说："火车跑得快，全靠车头带。"这体现了领导者的主要责任。如果这个车头不知道如何带领团队，那么团队肯定会出现问题。很多成功的领导者，并不是专业出身，但是他们为何能够将企业管理得那么好？虽然自身没有高水平的技能，但是他们懂得如何带团队。从这里可以看出，企业的发展并不需要一个完美的领导者，只需要一个能构建优秀团队的人。企业的领导者不应该是一个单打独斗的英雄，应该是一个能够从团队所有成员的实际情况出发，注重发挥团队作用的带头人。

肯尼迪政府学院教授大卫·艾尔伍德曾经说过，团队精神的基础就是要善于看到他人之长。领导者在管理中，应该多思考如何教育团队成员，如何激发团队成员，如何利用每一位成员的才能，如何打造一个强有力的团队。对一个企业来说，拥有一个强大的团队，比拥有一个知识渊博的领导人要重要得多。那么，如何打造一个完美的团队呢?

第一，要合理分配任务，让各成员的能力互补。贝尔宾博士表示，团队成员的优点与缺点一定要是互补的，任何一种角色的欠缺都会影响团队力量的发挥。就如一支篮球队只有前锋，没有后卫会让团队失利一样。

第二，用人所长，容人之短。世界上没有完美的人，每个人都有缺点。用人所长是被大家广泛接受，而容人之短却是很多领导者难以做到的事情，这需要领导者具有一定的修养与气度。当然，容人之短要遵循一定的原则，把握好底线。通用电气前 CEO 杰克·韦尔奇将业绩优秀但个人价值观与企业价值观不一致员工划为“害群之马”，华为也表示“不迁就有功的员工”，这说明一个优秀的企业在用人方面都有自己的底线。

第三，尊重员工差异，实现互补。任何一个团队都存在着分工，自然存在差异性。在实际工作中，如果都想成为重要的角色，就不能有效地发挥团队的作用。所以，领导者在管理中，要注重每一个角色的发展，保证团队角色之间的互补。

第四，增强团队成员之间的弹性，使一个人在团队中能够扮演多种角色，富有弹性的角色定位会增强团队的竞争能力。另外，团队处在变化多端的环境中，团队所面对的挑战不断发生变化，角色本身也在不断地发生变化。领导者要积极调整成员之间的协调性，这样才能在关键时刻互相补位，使团队任务顺利完成。

卓越的领导者不一定是能力最强的人。英国“团队角色理论之父”贝尔宾博士说：“没有完美的个人，只有完美的团队。”员工众多，虽然不一定能保证每个人都是优秀的，但是可以肯定的是每位员工都有自己的特长。作为领导者，要学会将员工的才能有效地组织起来，形成一股势不可当的具有强大竞争力的团队，这样就能在激烈的市场环境下占据一席之地。

4. "求同存异"才能打造高效团队

肯尼迪政府学院前任院长约瑟夫·奈认为，任何团队成员之间都应该求同存异。事实也是如此，团队成员思想五花八门，即使团队成员在同一件事情上达成共识，也只是暂时的。如果团队中所有成员的思想都保持一致，那么这个团队肯定是一个无效的团队。

团队像一辆车，团队的每一位成员相当于车的各个部件，部件只有放在正确的位置才会产生作用。如果成员不能承担其相关的责任，团队工作就会产生相关的问题。

团队管理中，领导者不必追求每一个团队成员都能做到尽善尽美。团队是否强大，是从整体的效果来看的，而不是对每一位成员的评价。然而现实中，很多团队的领导者总是追求完美，对团队成员吹毛求疵，希望团队成员每一个都是精英中的精英，显然这是不可能的事。这就需要领导者在构建团队时，要考虑一个问题：求同存异。

团队成员的差异性，要求领导者在管理上做到因人而异。比如，在一个团队中，有的成员喜欢拓展业务，如果领导者要求他们每天坐在办公室里整理内务、做报表，久而久之他们的工作热情就会消失。对这种充满热情、喜欢新鲜事物的人来说，充满挑战性的工作是他们充足的养分，有了这些养分，他们才能发挥自己的才华，为团队贡献更大的能量。有的人喜欢特立独行，习惯思考问题，倘若让他们做业务拓展，相信他们很快就会走人。如果让他们去进行一些需要认真研究的项目，倒可以满足他们的需求。

总之，团队领导者如果能够将这些具有不同能力的人放到合适的岗位，那么领导的管理工作就实现了一半，这是团队理想的状态。但是，领导者一时难以发现团队成员的真正能力，只有经过长时间的磨合，才能找到合适他们的岗位。当然，这其中不乏觉得自己适合做什么，但是自身又未必适合的情况。这个时候，领导者就需要帮助团队成员了解自己的潜能，这样才能构建优秀团队。

每一个团队成员都有自己的个性，领导的艺术就在于如何看清团队成员的优缺点，根据其个性合理安排岗位。

通用公司前总裁杰克·韦尔奇曾经说过，领导者要区别对待每一位成员，不能去“同化”所有员工，使他们达到自己的要求。领导者要懂得通过精心的设计与培训让每一位成员的特长都能发挥出来，成为团队中不可缺少的中坚力量。

团队是由一群具有不同个性的成员组成的，只有彼此相互配合，才能出色完成任务。很多团队领导者不注重成员个性发展；相反，要求成员削弱自我意识，尽量与其他成员保持一致。结果在适应团队的过程中，个体成员丧失的不仅是独立性，更失去了创造力，很多天才就这样被抹杀，而这恰恰是团队不可缺少的因素。

5. 领导者要有高效团队意识

哈佛大学肯尼迪政府学院的研究员曾做过这样一个实验，在一个与世隔绝的地方，有充足的食物、水以及其他保持生命的所有事物，但没有其他人，也没有任何能够与他人沟通的渠道。在这种情况下，一个单独的人能够坚持多少天。这个实验一开始，有很多人都报名尝试，但是没过多久，都纷纷放弃，坚持最长的也没超过20天。这些人在谈起自己的感受时说，最令他们不能忍受的就是孤独。人需要一种归属感，需要与他人共存。从根本上来说，人属于群居动物，需要与人合作共处。无论是对个人还是对企业来说，团队精神是必不可少的。

团结就是力量。有这样一个故事：一个老人在弥留之际，将自己的三个儿子叫到床前。他让大儿子拿来几根筷子，并让他先拿出一根筷子折断，结果他毫不费力地做到了。接着，老人又让把所有的筷子一起折断，三个儿子都使出了浑身的力气也没有成功。老人对围绕在床边的孩子们说：“你们兄弟几个就像是这几根筷子，单独一支很容易断，但是绑在一起就很难断了。”兄弟几个明白了父亲的意思，在以后的日子里，互相帮助。世间万物都离不开团队精神，蚂蚁是动物界具有团队精神的楷模。单只蚂蚁的力量很小，但是它们却能够将是自身体重几十倍的食物拖回洞中，靠的就是团队的力量。

当然，团队精神不可能自发产生，需要人们有意识地去培养。在企业，团队精神的力量需要领导者来启发。领导者应该用明确的价值观为基础来构建团队精神，使团队成员拥有合作的基础，并实现每一位成员的个人目标。在竞争激烈的社会，竞争应该是双赢的，只有这样，长期的合作才得以保持。从某种意义上说，竞争也是一种合作，尤其是团队内部。为了让团队处于不败之地，就要发挥团队精神，将竞争化为成长的动力，这样不仅能实现个人的目标，整个团队也会更强大。作为团队的领导者应该如何引导队员进行合作，并打造出优秀的团队呢？可以从一些成功的团队借鉴一下构建团队的经验。

星巴克是1987年由西雅图的一家街头咖啡馆发展起来的。如今，它在世界各地拥有近万家咖啡店。这除了优秀的决策之外，团队建设也是关键。星巴克倡导的是平等快乐的团队文化。星巴克对自己的定义是人们的“第三去处”，即人们家与工作之外的港湾。与很多企业不同的是，星巴克在管理上强调的是快乐回报。在星巴克，团队文化是获得快乐回报的重要手段。那么，星巴克是如何构建团队合作精神的呢？

首先，领导者会将自己视为团队中的普通一员。虽然他们从事决策、管理的工作，但是他们从不强调与众不同，他们不会享受特殊的权利。在他们的意识里，自己也是团队成员之一。比如，公司的国际部主任，去星巴克视察的时候，会与店员一起上班，做咖啡、洗碗碟、打扫店铺甚至卫生间。

其次，每一位员工都有明确的分工。比如有的负责收银，有的负责咖啡制作，有的负责仓库管理等。每位成员都接受过所有工种的培训，所以有分工不分家的概念。也就是说，当一个岗位的员工忙不过来的时候，其他人会主动帮忙，完全没有“各人自扫门前雪”的态度。这种团队精神当然不可能一蹴而就，而是不断强化的结果。

最后，鼓励合作，培训合作。所有的员工，无论来自哪个国家，在门店开张之前都要到西雅图星巴克总部接受三个月的培训。磨制咖啡的技巧当然用不了那么久，培训的内容主要是要磨合员工，让员工接受平等快乐的团队精神。由于文化差异，这种做法在实施过程中会有很大的难度，尤其是在日本、韩国这种等级森严的国家，很难让大家平等相待，互相合作。另外，公司还设计了很多礼品来鼓励员工之间主动合作，让每位成员都体会到合作是团队的核心，是每一位成员都应该重视的。

“团队建设是一个伟大的创造”，团队精神不仅是对员工的要求，更是对领导者的要求。也就是说，领导与员工之间也是一种合作关系。据统计，在企业中管理失败的最主要的原因就是领导与员工之间，或者是员工与员工之间不能建立和谐的合作关系。对于领导者来说，真正意义上的成功必然是团队的成功，脱离团队追求个人英雄主义，是不可能得到长久发展的。